PSICOLOGIA POSITIVA
APLICADA AO
COACHING

PSICOLOGIA POSITIVA APLICADA AO COACHING

Andréa Perez e Daniela Levy

COLETÂNEA
Biblioteca POSITIVA

Editora Leader

Copyright© 2020 by Editora Leader
Todos os direitos da primeira edição são reservados à Editora Leader

Diretora de projetos:	Andréia Roma
Revisão:	Editora Leader
Capa:	Editora Leader
Projeto gráfico e editoração:	Editora Leader
Livrarias e distribuidores:	Liliana Araújo
Organização de conteúdo:	Tauane Cezar e Milena Mafra
Diretor financeiro:	Alessandro Roma

Dados Internacionais de Catalogação na Publicação (CIP)
Bibliotecária responsável: Aline Graziele Benitez CRB-1/3129

P514   Perez, Andréa
1. ed.   Psicologia positiva aplicada ao coaching / Andréa Perez, Daniela Levy.
          1. ed. – São Paulo: Leader, 2020.

   ISBN: 978-65-88368-09-1

   1. Coaching. 2. Psicologia positiva.
   I. Levy, Daniela. II. Título.

9-2020/09   CDD 158.1

Índices para catálogo sistemático:
1. Coaching: Psicologia aplicada. 158.1

2020

Editora Leader Ltda.
Rua Eratóstenes Azevedo, 204
São Paulo – SP – 02969-090
Contatos:
Tel.: (11) 3991-6136
contato@editoraleader.com.br | www.editoraleader.com.br

Coletânea Biblioteca Positiva

A **Coletânea Biblioteca Positiva – Temas da Psicologia Positiva em Livros,** idealização de Andréa Perez Corrêa e da Editora Leader, que é dirigida por Andréia Roma, tem como proposta publicar obras com pesquisas, estudos e trabalhos que estão sendo desenvolvidos por profissionais brasileiros no campo da Psicologia Positiva.

Com respeito às teorias originadas em pesquisas científicas, os livros trazem o melhor da prática desses profissionais, para contribuir com a disseminação da Psicologia Positiva, no Brasil e no exterior, como também fomentar a integração desses estudiosos.

Além de autores nacionais, a Coletânea Biblioteca Positiva pretende abraçar projetos também de outros países, publicando obras estrangeiras em território nacional.

Cada projeto de livro apresenta um formato editorial distinto, com um autor ou um grupo de coautores, sendo lançado em cidades do Brasil e em congressos, conferências, simpósios e outros eventos de vulto nacional e internacional.

Todos são organizados por Andréa Perez Corrêa, que assume, com exclusividade, na Editora Leader e no mercado de publicações do Brasil, o papel de: *"positive writer hunter"*, ou seja, caçadora de escritores positivos, profissionais cujos trabalhos observa e para os quais vislumbra a possibilidade de gerar artigos de relevância para inclusão nas obras da Coletânea Biblioteca Positiva.

Com a Coordenação Editorial de Andréia Roma, as obras podem contar ainda com outros organizadores convidados, que sejam *experts* na área ou tema do livro, que juntos estruturam e executam o projeto, o qual conta com toda a qualidade e dedicação editorial e divulgação e distribuição em inúmeros canais de venda.

Cada projeto, considerando a sua formatação editorial, é acessível a convidados, bem como a empreendedores que desejam ter ou participar de uma obra literária sobre a Psicologia Positiva.

Quem sempre desejou publicar um capítulo ou livro sobre a Psicologia Positiva pode ser abraçado pela Coletânea Biblioteca Positiva, após análise e aprovação de proposta pela idealizadora e pela editora.

A organizadora e a coordenação editorial oferecem todo o suporte para você participar de um projeto, auxiliando-o tecnicamente sobre o alinhamento dos temas e a construção textual editorial.

Os interessados em participar de projetos da Coletânea Biblioteca Positiva, nas categorias especificadas, podem entrar em contato diretamente com a Editora ou a organizadora.

AGRADECIMENTO

por Andréa Perez

Não há como não agradecer neste momento aos que me oportunizaram chegar até este projeto: meus *coachees*.

Somente por conta deles é que consegui vivenciar a prática do Coaching de forma latente e profissional.

Por suas peculiaridades e desafios, estudei profundamente, produzi novas ferramentas, reestruturei sessões, remodelei protocolos, agucei minha escuta ativa, dediquei minha empatia, adaptei minhas atitudes, agreguei valores ao processo, lancei mão de minhas forças de caráter e talentos e muito mais.

Só que o melhor que eles me permitiram foi viver momentos de muitas emoções positivas, com suas pequenas e grandes conquistas, com suas vivências renovadas, com seu empoderamento a cada encontro, com seus *feedbacks* positivos e com as conquistas de seus objetivos no processo de Coaching de Psicologia Positiva. A eles o meu muito obrigada!

Depois dos meus *coachees*, reservo minha gratidão à querida Andréia Roma, CEO da Editora Leader, uma grande amiga, que esteve ao meu lado em todos os momentos desta obra e permitiu que ela acontecesse com a qualidade que desejávamos.

Agradeço à nossa prefaciadora, Lilian Graziano, que nos oferta com suas percepções sobre a obra e abre este trabalho com suas considerações sempre ricas e de um senso crítico apurado.

Claro que não posso deixar de agradecer à minha querida Daniela Levy, com quem divido a autoria desta obra, que permitiu que ela acontecesse depois de uma trajetória já longa e de percalços desde seu projeto inicial. Dani, com sua condução cheia de leveza e delicadeza, mas com muita competência e compromisso, renovou a esperança quando foi necessário, e, chegando até aqui, reservo minha gratidão, pois foi a responsável por chegarmos ao final deste livro. Construída há anos, primeiramente à distância e depois já com laços consolidados, nossa amizade se manteve plena, intacta e contributiva mutuamente, numa construção de confiança, abertura e generosidade, acima de tudo. Sou imensamente grata a você.

Para a minha família, é sempre muito forte descrever o quanto me apoia, alicerça e o quanto sou grata por isso. Minha mãe, Maria Isabel, meus filhos Lucas e Gabriel são daqueles seres humanos escolhidos pelas mãos da Divindade para conduzir-me pela vida nutrida por grande amor, generosidade, amizade, respeito e muita segurança. Com eles, sei que posso mais, que posso menos, sei que estão sempre dispostos a me ajudar e incentivar no que for preciso e, neste projeto, eles simplesmente foram singulares e me nutriram de toda a garra que precisei, para que chegasse a este momento de conquista. Somente o meu amor por vocês é maior que a minha gratidão.

Aos meus mentores espirituais, descrever a minha gratidão sempre esbarrará na inexatidão da relatividade do mundo na vida humana. Somente a fé, o sentir, o intuir e o transcender podem transcrever o que é ser conduzida pela vida com a dádiva da espiritualidade tão presente em meu dia a dia. Ter isso é o fio condutor que faz com que tudo tenha sentido e me nutra como um ser espiritual em desenvolvimento nas escolhas do livre-arbítrio desta existência humana. Sei que entendem e sentem minha gratidão.

A Deus, que, na sua bondade, conduz a minha existência e me torna parte do TODO, de TUDO e de TODOS, minha gratidão, pela dádiva desta vivência experiencial.

AGRADECIMENTO

por Daniela Levy

Este livro é dedicado a todas as pessoas que tiveram um impacto positivo em minha vida e que me ofereceram suporte e apoio para que esta obra fosse possível.

Agradeço a Andréa Perez, a idealizadora deste livro, por me contagiar com seu entusiasmo, conselhos de amiga e por acreditar em mim ao me convidar para fazer parte de eventos, aulas e ser coautora do livro *Psicologia Positiva – Teoria e Prática*.

Aos meus pais, Maria Antonietta Fortino Levy e Arthur Levy, por sempre estarem ao meu lado, me oferecendo suporte, me acolhendo, apoiando e motivando mesmo nos momentos mais desafiadores. Sem eles, eu não poderia me dedicar tanto a minha profissão como me dediquei e não me desenvolveria pessoal e profissionalmente como me desenvolvi.

Às minhas filhas, Valentina Levy Barbieri e Sophia Levy Barbieri, por serem meus tesouros, minhas fontes inesgotáveis de amor e felicidade. Vocês me inspiram a cada dia a ser uma pessoa melhor.

Obrigada a todos que permitem e contribuem para que eu continue sempre alinhada ao meu propósito de vida:

"Conseguir gerenciar diariamente de maneira eficaz as áreas da minha vida, inspirar e transformar pessoas para atingir suas potencialidades máximas nas diferentes dimensões da vida e estas serem multiplicadoras no processo de transformação de outras pessoas".

PREFÁCIO

Em primeiro lugar, quero dizer que me sinto honrado por ter sido convidado pelas autoras para escrever o prefácio de um livro tão necessário sobre Coaching e Psicologia Positiva. Andréa Perez é *coach*, Daniela Levy é psicóloga, e ambas trabalham com Coaching de Psicologia Positiva, portanto, ninguém melhor do que elas para produzir essa grande obra. Andréa cumpre um papel muito importante ao divulgar a Psicologia Positiva através da sua Biblioteca Positiva, uma vez que o Brasil ainda é bastante carente de títulos nessa área. E a Dani tem importância histórica ao fundar a primeira Associação de Psicologia Positiva do Brasil e da América Latina (APPAL) e por organizar e trazer o fundador dessa ciência, Martin Seligman, para a I Conferência Brasileira de Psicologia Positiva. Atualmente sou o presidente da APPAL e me sinto feliz pela oportunidade de contribuir com a missão de ajudar a promover mais felicidade e florescimento no mundo.

O Coaching é uma das profissões que mais cresce no Brasil e, como toda profissão que cresce muito rapidamente, ainda está em fase de organização e estruturação, por isso tem sido alvo de muitas críticas, inclusive de psicólogos. Entretanto, acredito que a aliança entre Coaching e Psicologia será muito benéfica e ajudará os dois campos a florescer mais rapidamente.

Sou psicólogo positivo, psicoterapeuta, *coach* e *trainer* de formações tanto em Coaching quanto em Psicologia Positiva. Conheço muito bem os dois lados da moeda, e compreendo as vantagens e desvantagens de cada metodologia. O *coach* jamais substituirá um psicólogo, pois os serviços que os dois prestam são de natureza diferente, embora possuam em comum o atendimento a dois baseado na conversa. Questões ligadas à saúde mental-emocional devem ser encaminhadas a um psicólogo ou psiquiatra, que são os profissionais habilitados a diagnosticar e tratar transtornos psicológicos, tais como traumas, fobias, pânico e depressão. O *coach*, por sua vez, ajuda o cliente a alcançar metas específicas em um curto espaço de tempo, através de um método bem definido de autoconhecimento, planejamento de ações e execução de tarefas.

O interesse dos *coaches* pela Psicologia pode ter causado algumas confusões no passado, mas, com o advento da Psicologia Positiva, esse problema possivelmente deixará de existir, uma vez que a Psicologia Positiva não tem foco nas doenças, mas sim na felicidade, bem-estar e florescimento humano. Por isso, *coaches* podem aprender e usar livremente as intervenções da Psicologia Positiva.

Seligman afirmou, em 2010, que 20% dos alunos do MAAP (Mestrado em Psicologia Positiva Aplicada da Universidade da Pensilvânia) eram *coaches*. Tenho verificado esse mesmo interesse dos *coaches* pela Psicologia Positiva no Brasil e acredito que seja uma aliança muito proveitosa para ambos os lados.

A Psicologia Positiva é uma ciência e pode fornecer a fundamentação científica que o Coaching carece, bem como intervenções com validação comprovada de eficácia. Por outro lado, o Coaching traz exatamente a aplicação das teorias, técnicas e intervenções da Psicologia Positiva, levando fortemente a prática para o campo científico, que muitas vezes é carente no meio acadêmico.

Assim sendo, vejo uma bela sinergia entre Psicologia Positiva e Coaching, pois representa exatamente a união da teoria com a prática, da ciência com a aplicação. E, se quisermos ver cumprida a missão proposta por Seligman, será necessário que a Psicologia Positiva não esteja nas mãos apenas de psicólogos, mas sendo aplicada por *coaches*, líderes, gestores e educadores, pois só assim conseguiremos alcançar, até 2051, nossa meta tão sonhada, de florescimento de 51% da humanidade.

Helder Kamei

Presidente da Associação de Psicologia Positiva da América Latina

Fundador do Instituto FLOW Psicologia Positiva, Coaching e Liderança

www.flowpsicologiapositiva.com

INTRODUÇÃO

Construir um livro de aplicação da Psicologia Positiva no Coaching, no mínimo, é uma tarefa de muita responsabilidade, considerando a seriedade necessária ao tratar de dois campos que vêm recebendo imensa atenção não apenas do público em geral e de profissionais interessados por suas temáticas mas também por conta da reserva de novos estudos que nutram suas concepções de forma densa e com qualidade.

Há mais tempo sendo enaltecido em todo o mundo, o Coaching já oportunizou o crescimento de diversas pessoas como profissionais, mas, acima de tudo, trouxe o favorecimento à vida de muitas pessoas as quais tiveram a chance de passar por esse processo. Não tem muito tempo, quando nos deparávamos perguntando às pessoas se sabiam o que era Coaching e elas não tinham a menor ideia. No entanto, hoje, com seu crescimento, o tema faz parte até mesmo de agendas que visam a legalização da atividade em ambientes legislativos.

Já com uma história mais recente que o Coaching, a Psicologia Positiva vem desde 1998 crescendo a passos largos, mobilizando instituições renomadas com investimentos de milhões de dólares em pesquisas científicas que a credibilizam como a ciência da felicidade e das qualidades humanas, infiltrando-se com os resultados de seus estudos na vida das pessoas e organizações em todo o mundo. Suas propostas vêm reconfigurando paradigmas engessados em aspectos negativos relacionados à vida humana, gerando novos cenários com um olhar mais favorecedor aos aspectos humanos positivos e à vida com sentido e realização.

Fora isso, ambas as temáticas no Brasil, por conta desse crescimento um tanto quanto desenfreado, vêm gerando preocupações sobre uma possível ruptura de comportamentos éticos, de qualidade e, acima de tudo, congruentes com suas propostas de desenvolvimento humano, que necessariamente clamam por condutas profissionais sérias.

Diante disso, publicar esta obra é para nós, de alguma forma, num primeiro momento, um ato de coragem, mas, acima de tudo, é um ímpeto de fazer a nossa parte quanto à produção de uma publicação que se reserve a qualidade necessária que os campos do Coaching e da Psicologia Positiva requerem.

Quando observamos o contexto que estamos vivendo – não apenas no caso do Coaching ou da Psicologia Positiva – notamos que muitas pessoas se reservam apenas aquela fatia da "crítica pela crítica", inflando seus egos com atitudes de apontar problemas, erros e más condutas em outros profissionais, pois isso dá a eles a impressão de fazê-los melhores, mais eficientes e capazes que os outros. Só que isso não ajuda em nada para que as coisas melhores. Quando observamos que algo precisa de correção, precisa de um novo norte, requer mais seriedade, que por muitas vezes ocorre por mera falta de conhecimento, é preciso agir para transformar positivamente.

É isso que nós autoras, Andréa Perez e Daniela Levy, estamos tentando fazer com esta obra: favorecer a melhoria das condutas profissionais de coaches que usam a Psicologia Positiva em seus atendimentos e como resultado melhorar os resultados das pessoas que se submetem a processos de Coaching.

Lançando mão de nossas experiências profissionais com a Psicologia Positiva Aplicada ao Coaching, ofertamos nesta obra, de forma aberta e concessiva aos leitores, o conhecimento necessário para que compreendam como ocorre o processo de Coaching que utiliza a ciência da felicidade e das qualidades humanas, para que possam atuar em seus atendimentos com a ética e a qualidade necessárias, a fim de que essa atuação profissional seja mais respeitada e valorizada pelos indivíduos e pelas organizações.

Por isso, de forma a situar o leitor em um breve entendimento sobre o Coaching, trazemos logo no Capítulo 1 – O que é o Coaching? uma apresentação do cenário do Coaching e um detalhamento sobre aspectos essenciais para sua compreensão, como um processo de desenvolvimento humano.

Logo a seguir, ressaltando a importância da cientificidade da Psicologia Positiva, apresentamos no Capítulo 2 – Coaching de Psicologia Positiva, descortinando ao leitor o que as intervenções, práticas, teorias e benefícios da Psicologia Positiva oferecem para credibilizar o Coaching e colocá-lo num patamar de seriedade que somente a ciência pode proporcionar.

Tendo alicerçado o leitor sobre o conhecimento em relação aos dois campos de forma orientada e embasada com referencial de autores ícones e renomados, serão apresentadas, de forma protocolar, as formas de condução do Coaching de Psicologia Positiva, modeladas por cada uma das autoras, no Capítulo 3 – Coaching de Psicologia Positiva de Alta Performance, de Daniela Levy, e no Capítulo 4 – Positive Upgrade Coaching, de Andréa Perez.

Nesses dois capítulos, de maneira instrucional, as autoras abrem suas portas e convidam os leitores a conhecer suas formatações processuais de Coaching, com os aprendizados que acumularam ao longo dos anos, que as levou a construir um *framework* customizado na condução de processos de Coaching de Psicologia Positiva, totalmente alicerçados no que a Psicologia Positiva pode oferecer de melhor para a realização de processos de Coaching com resultados positivos e relevantes aos seus clientes.

Com essa proposta, consideramos que os leitores poderão compreender com maior precisão como é adequar e transferir os conhecimentos da Psicologia Positiva que agregaram, ao longo de anos, em estudos e aprofundamento sobre a Psicologia Positiva, em todas as suas atuações profissionais – como consultoras, professoras, speakers, mentoras, entre outras atuações – no *setting* do Coaching.

O livro termina, logicamente, com algumas reflexões conclusivas sobre o Coaching de Psicologia Positiva, para que o leitor possa contemplar quais trajetórias desejará trilhar com esse processo que tanto tem a favorecer uma vida humana mais feliz.

Andréa Perez

Daniela Levy

SUMÁRIO

Prólogo 21

O que é Coaching? 25
    Andréa Perez

Coaching de Psicologia Positiva 53
    Daniela Levy

Positive Upgrade Coaching 87
    Andréa Perez

Coaching de Psicologia Positiva para
Alta Performance 141
    Daniela Levy

Conclusão 167
    Andréa Perez
    Daniela Levy

Referências 171

PRÓLOGO

Lilian Graziano

Escrevo este texto justamente na data (12/11) em que alguns Estados brasileiros comemoram o dia do profissional de Coaching. Há quem diga existirem hoje no Brasil cerca de 70 mil *coaches* e, a despeito da precisão desse número, sabemos ser inegável o expressivo crescimento que o Coaching teve em nosso país nos últimos anos. Sendo assim, e de forma que, a julgar pela popularidade que esta profissão (ainda não regulamentada) adquiriu atualmente, talvez pudéssemos tomar este como um momento de exclusiva celebração.

Sabemos, contudo, que o Coaching passa por uma delicada crise de reputação, sobretudo em função de cursos de formação com qualidade duvidosa, que despejam no mercado uma profusão de profissionais despreparados para lidar com a complexidade do desenvolvimento humano. Por outro lado, é imperativo que o Coaching em si não seja confundido com o mau profissional. Maus profissionais existem em todas as áreas e não tenho notícias de nenhum caso em que a existência deles tivesse colocado em risco a reputação de suas respectivas profissões. Grandes empresas ao redor do mundo, tais como a gigante Google, recorrem ao Coaching como forma de promover o desenvolvimento de seus funcionários. Além disso, é crescente o aumento do interesse acadêmico sobre o tema. Numa rápida consulta à base de dados EBSCO, encontramos, desde 1980, 31.179 referências relacionadas à palavra *Coaching*; isto considerando-se apenas as publicações em revistas acadêmicas e analisadas por pares. Desse total, temos 28.084 referências somente a partir do ano 2000 em diante. Isso aponta para o expressivo incremento do olhar científico sobre o tema nos últimos 20 anos.

Neste cenário, talvez o Coaching esteja vivendo um momento crucial; uma espécie de divisor de águas no qual os bons profissionais se sintam cada vez mais impelidos a mostrarem o valor da sua profissão, um momento no qual as diferenças entre eles e os maus profissionais ficarão cada vez mais evidentes.

E é neste mesmo cenário que a literatura séria nesta área se torna essencial, configurando-se, talvez, na principal aliada para reafirmar a relevância que a atividade de Coaching sempre mereceu.

Desejo a você, caro leitor, que este livro lhe seja uma importante fonte de estudos a contribua com sua excelência profissional e, a julgar pela dedicação e empreendedorismo de suas autoras, minhas queridas amigas Daniela Levy e Andréa Perez, tenho certeza que o será!

Boa leitura!

Lilian Graziano

Instituto de Psicologia Positiva e Comportamento – IPPC

O QUE É COACHING?

Capítulo 1

Andréa Perez

"Nada lhe posso dar que já não exista em você mesmo. Não posso abrir-lhe outro mundo de imagens, além daquele que há em sua própria alma. Nada lhe posso dar a não ser a oportunidade, o impulso, a chave. Eu o ajudarei a tornar visível o seu próprio mundo, e isso é tudo." Hermann Hesse

Definitivamente, não há quem duvide que o Coaching vem crescendo a cada dia no Brasil e no mundo. Mesmo para quem já é da área, que logicamente vive esse meio diariamente, espanta-se com o seu crescimento, em alguns aspectos linear e de qualidade e, em outros, de reputação duvidosa.

Na *EXAME*, reportagem aponta que, segundo dados de 2018 da International Coaching Federation (ICF), a atividade de Coaching cresceu 300% nos últimos quatro anos no Brasil. É de surpreender!

Deparei-me com o tema em 2011, apenas há oito anos, quando encontrar obras em uma livraria sobre o assunto era uma raridade. Vasculhava as prateleiras de administração e negócios e por sorte achava uma coisinha ou outra. Cursos e formações até já existiam algumas, e, como alguém que busca instrumentalizar-se sobre o desenvolvimento humano, em prol de colaborar com o crescimento de pessoas, ingressei em sala de aula para enfim entender melhor o que era o Coaching.

De lá para cá, eu mudei em relação a minhas convicções e reflexões, acabando por agregar um conhecimento factual, pelos estudos e as quatro formações que realizei, e o conhecimento empírico, com os atendimentos que conduzi ao longo dos anos.

Nesse tempo de jornada, o Coaching foi avolumando-se no mercado de uma maneira incrível, e, em muitos momentos, inacreditável, não apenas por causa de seus "números" grandiosos mas também por conta de um novo olhar do mercado sobre esse profissional: suas qualidades, seu preparo, sua proposta, seus "milagres", suas adequações e inadequações, a legitimidade de suas entregas e tudo mais.

Muito enaltecido por seus resultados em processos realizados com qualidade e bem conduzidos com profissionais competentes, como, em qualquer campo, nem tudo é livre de críticas. E, logicamente, críticos e criticados sempre apresentam argumentações falhas ou bem embasadas. A verdade é que tudo que cresce vertiginosamente chama a atenção de todos, e, nessa hora, somente os clientes para identificarem o que é bom e poderem distinguir o joio do trigo. Tarefa, às vezes, nada fácil.

Neste capítulo, obviamente, ao final da leitura, você não se tornará um "coach"[1], até porque é preciso muita coisa para se tornar um profissional sério e confiável. Contudo, você receberá algumas informações sobre o cenário do Coaching, o que é essa atividade e como ela acontece, a fim de que possa compreender esta obra.

Não há a menor, nem ínfima, intenção de oferecer vastidão de dados aqui, pois nosso foco, na obra que tem em mãos, é o Coaching de Psicologia Positiva, que será muito bem detalhado no Capítulo 2 – Conhecendo o Coaching de Psicologia Positiva, e nos capítulos em que eu e a Daniela Levy apresentamos os nossos modelos, respectivamente, no Capítulo 3 – Metodologia de Coaching de Psicologia Positiva e no Capítulo 4 – Positive Upgrade Coaching.

Cenário do Coaching no Brasil e no Mundo

Como já vimos, o crescimento do Coaching tem sido tão ascendente que, há alguns anos, o que menos se tinha eram dados estatísticos que pudessem descrever o seu cenário em termos de números de profissionais e formações. Você procurava e não

---

[1] "Coach" é o termo usado para denominar o profissional que trabalha com Coaching.

achava nada, apesar de as salas de capacitação estarem crescendo em quantidade e em número de alunos.

E não há dúvida de que a International Coaching Federation (ICF) proporcionou uma mudança positiva nesse quadro de inconsistência de dados em nível mundial, e, ainda, vem proporcionando uma melhor organização do setor.

A ICF, para que você comece a entender como ela propicia um padrão mais profissional ao Coaching, é a organização global que vem liderando em iniciativas para que, com altos padrões de qualidade, ocorra o avanço da profissão de Coaching. Sua seriedade espelha-se na sua condição, hoje, de maior instituição mundial de *coaches* profissionalmente treinados, os quais passam por etapas sérias e consistentes, para que recebam o crivo dessa instituição como *credential-holder*, além de somarem 33.645 membros em dezembro de 2018. (ICF, 2018)

Em torno de sua preocupação com o profissional, além de definir as competências indispensáveis ao *coach*, ainda se ocupa de credibilizar instituições de formação de *coaches* em todo o mundo, as quais recebem o "selo" da ICF, em distintos nivelamentos, dependendo do teor, tempo e qualidade dos cursos, elevando-os a uma categoria de seriedade na formação de novos profissionais. (ICF, 2019)

No Brasil, algumas empresas, que contratam serviços externos de Coaching para aplicar a seu quadro de empregados, podem exigir que os *coaches* sejam credenciados pelo ICF ou tenham sido formados por instituições que levam o seu crivo. Por conta disso, muitos são os profissionais de Coaching que buscam ser membros da ICF e passar por todas as etapas necessárias, para atingir a categorização que os credibilizará nesses segmentos do mercado.

Hoje em dia, a própria ICF já se encarrega de pesquisas para poder extrair dados sobre o campo. Em 2018, em continuidade à parceria com o Human Capital Institute já existem no portal 24.944 pesquisas, o que começa a dar um maior cenário de seriedade ao Coaching com caráter científico, o que volto a abordar no Capítulo

4 como uma das vantagens do uso da Psicologia Positiva como modelo a essa metodologia.

O universo do Coaching é muito amplo, podendo suas ferramentas e competências ser aplicadas em diversos domínios e de diversas formas. Isso me remete a uma colega de minha primeira formação em Coaching, uma médica especialista em Dermatologia no Rio de Janeiro, dra. Gisele Petrone, que buscou, no Coaching, conhecimento para melhor atender seus pacientes, em busca de captar e diagnosticar, ao lado do conhecimento da Medicina, o que de melhor e mais adequado poderia ser feito para os clientes em seu consultório. Isso, ainda, me reporta a algo que sempre defendi e escutei em cursos e entre profissionais sobre instituir em nosso dia a dia "conversas Coaching". Assimilei de tal forma uma postura Coaching em minha vida em todas as áreas, no que tange ao diálogo, que algumas pessoas das minhas relações, em especial meus dois filhos – que me perdoem ou me agradeçam, sabe-se lá –, quase que por osmose, conseguiram identificar o meu padrão de oratória investigativa do Coaching, e, às vezes, me indicavam ou questionavam: "Quer começar o Coaching, mãe? Vamos lá, então".

Em termos financeiros, a estimativa é que o segmento tenha movimentado mais de R$ 50 milhões nos últimos anos em dados de 2018, o que não é nada mal para uma ocupação que há alguns anos ninguém conhecia. (EXAME, 2019)

Outra pesquisa, realizada pela consultoria PwC, entre 2009 e 2012, mostra que o número de *coaches* certificados no Brasil subiu de 350 para 1.100 (EXAME, 2019), o que pode revelar maior preocupação dos *coaches* em terem credenciais que os habilite de uma maneira mais "profissional".

A média de salário de um profissional brasileiro, levantada no quarto trimestre de 2017 da Pesquisa Nacional de Amostra de Domicílios Contínua (Pnad Contínua), do Instituto Brasileiro de Geografia e Estatística (IBGE), ficou em R$ 2.154,00. E no mercado de Coaching, especificamente, isso é muito próximo, segundo o site

Catho de empregos, que aponta atividade com ganhos que giram em torno de até R$ 3.000,00.

Contudo, é preciso refletir sobre alguns pontos com essa informação, que vem sendo pauta de discussão e, muitas vezes, de descrédito no campo do Coaching ao menos no Brasil, pois, apesar da renda salarial mensal apontada, a atividade está longe de ser configurada como uma possibilidade de angariar fortunas, apesar de algumas narrativas de sucesso pessoal no setor.

Considerando esses aspectos, reporto-me a uma situação bastante criticada e grave que vem arrebatando a vida de muitas pessoas: profissionais que começam suas primeiras formações em Coaching estão se iludindo, pensando que ficarão "ricos", "famosos" e que virarão grandes "gurus" do Coaching num piscar de olhos. Já tive alunos que me relataram, com pesar, que a carreira de Coaching "estava demorando a decolar", e que, acreditando em fazer sucesso com o Coaching de forma rápida, como ouviram falar, tinham largado tudo; entenda-se "emprego".

Essa é uma situação constrangedora e difícil que muitas pessoas estão vivendo. No primeiro curso que fiz, nos foi apontado de forma prudente que apenas em torno de 5% dos alunos realmente se tornam profissionais de Coaching ao saírem dos cursos. Isso está de acordo com o que aponta Mariana Lajolo, em artigo na revista *Veja*, que indica que, segundo entidades formadoras, apesar de já sermos mais de 40.000 formados, em dados de 2018, somente 5% atua com a atividade. Logicamente que, aqui, se incluem casos como o da minha colega dermatologista de que falei, mas a maioria das pessoas que chega às salas de aula busca uma nova atividade de trabalho e veem no Coaching uma ótima alternativa.

Aí você vai perguntar: "O Coaching é uma ótima alternativa e um trabalho maravilhoso tanto para o *coach* como para seus clientes?" Sim! Mas, como qualquer outra construção de carreira, é preciso muito conhecimento, prática e dedicação. E isso tudo só se consegue ao longo do tempo. É claro que é possível existirem situações em que de forma rápida e com sucesso um profissional chegue ao ápice de uma carreira bem-sucedida, mas essas são daquelas raridades que não podem ser sugeridas como verdade absoluta.

Essa procura pela atividade de Coaching não se justifica apenas pela forma atraente e eficaz de seus processos para as melhorias pessoais ou organizacionais, o que o torna algo que todos desejam. Mas acabou crescendo no Brasil ao longo de anos, por questões econômicas que levaram à diminuição de empregos formais, o que gerou o aumento dos índices de trabalhos informais e sem ocupações fixas.

Isso acabou ocasionando uma corrida a cursos de formação, os quais, de anos para cá, não param de crescer e ter suas salas lotadas. Nesse segmento, acredito, como muitos outros profissionais da área, está o maior filão de crescimento e melhoria de mercado na área de Coaching: o de treinamento de "futuros *coaches*". Oferecer capacitações em Coaching, sem sombra de dúvida, move milhões de reais a cada ano no Brasil. E não há como discutir ou avaliar a qualidade de cada um dos cursos, a não ser que você passe por eles, ou que se nutra de referências de pessoas que já os fizeram e cuja opinião você considera confiável. O que não garante a você a qualidade esperada é apenas se pautar nas campanhas intensas de divulgação sobre esses eventos. Como aponta Liana Gus Gomes, presidente da Associação Brasileira de Coaching Executivo e Empresarial: "É uma atividade que proliferou no mercado, o que estimulou a oferta de um sem-número de fornecedores de cursos breves, que se utilizam de técnicas de venda agressivos. Não há fiscalização, o que abre espaço para abusos". (LAJOLO, 2018)

São inúmeras as instituições que você pode encontrar no mercado para agregar conhecimento sobre o Coaching e, ao longo do tempo, tornar-se um profissional *coach* e entrar para a fatia dos 5% que constroem carreiras na área e realmente vivem disso como renda. É impossível? Não, mas é preciso agir com cautela, prudência e responsabilidade consigo e com o outro.

Mais um segmento econômico que cresce voltado ao Coaching é o de marketing. Justificando que os cursos de *coaches* – é uma verdade, pelo menos na maioria - apenas se preocupam com os temas teóricos e ferramentais da prática, novas instituições e profissionais vêm-se dedicando a instrumentalizar *coaches*, para que aprendam a divulgar e comercializar seu trabalho no mercado. Isso é perceptível a olhos vistos na internet, nas redes sociais e em todos os ambientes de venda. Não há nenhum problema em instrumentalizar-se com ferramental de vendas e marketing; muito pelo contrário. Qualquer profissional ou empresa que deseja progredir em suas vendas e ganhos deve, sim, alicerçar-se em conhecimentos técnicos, sólidos, sérios e éticos sobre diversas áreas do conhecimento que possam favorecer o seu negócio.

Outra vertente, não tão economicamente atrativa mas que também teve um boom de crescimento nos últimos anos, foi o mercado de publicações sobre Coaching. Diferentemente da situação que relatei em 2011, hoje, ao chegar a uma livraria ou mesmo em compras na internet, o que não irá faltar a você é literatura sobre o Coaching. Esta obra é um exemplo disso, sendo neste caso, especificamente, o atendimento a uma demanda do mercado nacional carente de publicações sobre Coaching de Psicologia Positiva; carência essa que não é restrita ao Brasil. Ainda não se pode dizer que são muitas as publicações sobre Coaching com a Psicologia Positiva, com este formato que estamos propondo; há algumas publicações, mas poucas.

Como se pode ver, o mercado de Coaching cresce, sim, e para vários lados em termos econômicos, não apenas no Brasil como em todo o mundo, favorecendo inúmeros profissionais e instituições. Isso é indiscutível. O que é preciso é estar atento ao mercado e aos discursos de promessas e entregas, e fazer a escolha certa sobre os rumos que deseja dar a sua vida profissional, sobre a instituição na qual irá buscar a sua formação, e no que você poderá apostar enquanto cresce nessa nova carreira ao longo do tempo.

E em que acaba se pautando tamanho interesse do público pelo Coaching, no caso daqueles que desejam se tornar profissionais desse segmento? Além do desejo genuíno, de muitos, de atuar com o desenvolvimento humano, o aspecto atraente são os indicativos de valores pagos por sessões de Coaching. Só que isso pode acontecer, sim, ao longo do tempo e da experiência que você agrega.

Ao iniciar na atividade, muitos *coaches* realizam inúmeros processos como "pro bono", como se usa falar, aqueles Coachings realizados gratuitamente, a fim de que o profissional agregue experiência. Passada essa fase, as sessões podem variar de um valor muito baixo até R$ 3.000,00 ou R$ 4.000,00 em processos de Coaching de formato executivo, com líderes e presidentes de grandes organizações, o que é quase uma pedra preciosa no mercado.

Muitas são as instituições que se preocupam com a organização do campo do Coaching fora a ICF, estando entre elas: Association for Coaching (AC), Association of Coach Training Organizations (ACTO), European Mentoring and Coaching Council (EMCC), Graduate School Alliance for Executive Coaching (GSAEC), International Association of Coaching (IAC) e World Business & Executive Coach Summit (WBECS).

A abordagem do tema Coaching é desafiadora, no contexto globalizado em que vivemos nos dias de hoje, devido à velocidade com que as coisas se transformam. E tratando-se o Coaching de um processo, supostamente recente na vida das pessoas e das organizações, nesse contexto de mudanças múltiplas, a sua dinâmica de transformação é veloz, profunda e abrangente, o que faz com que, a cada nova pesquisa, encontre-se algo ainda mais novo.

Essas transformações demonstram também que muita dedicação está sendo reservada ao crescimento, à divulgação e ao aprofundamento do processo de Coaching. Segundo Seligman (2011), nos Estados Unidos já são mais de 50 mil profissionais ganhando a vida como *coaches*. Diante dessas observações, esclarecemos que este capítulo tem por objetivo permitir o entendimento do que é, do que não é e como funciona o processo de Coaching, apresentando ainda alguns modelos que compõem o seu universo na atualidade.

O que é Coaching

Considerando a diversidade de modelos e escolas de Coaching, não apenas no Brasil, mas em todo o mundo, é preciso destacar algumas definições de autores ícones que contribuíram para a história do Coaching.

Diante disso, seguem algumas definições que podem ajudar o entendimento do leitor sobre esse segmento neste momento inicial da obra:

– **W. Timothy Gallwey,**
 da The Inner Game School of Coaching (2013)

> "Coaching é a arte de criar um ambiente, por meio de conversas e uma maneira de ser, que facilite o processo pelo qual uma pessoa pode se mover em direção a resultados desejados de uma forma gratificante." (GALLWEY, 2013)

– **Sir John Whitmore,**
 da Performance Consultants International

> "Coaching é desbloquear o potencial das pessoas para maximizar seu próprio desempenho." "É ajudá-las a aprender em vez de ensinar a elas." (WHITMORE 2012). Ainda do autor, apresentamos: "O Coaching não é meramente uma técnica a ser executada e rigidamente aplicada em determinadas circunstâncias. É um modo de gerir, uma forma de tratar as pessoas, uma maneira de pensar, um modo de ser." (WHITMORE, 2012)

– **Por Simon L. Dolan,**
 da School of Coaching of London:

> "O Coaching é a arte de despertar a grandeza nas pessoas de forma a que honre a integridade do espírito humano. É tanto uma capacidade inata como uma habilidade que se ensina." (DOLAN, 2012)

– **Por Robert Biswas-Diener,**
 da Accorn, e Ben Dean, da MentorCoach:

> "Coaching é sobre o aproveitamento do melhor das pessoas e sobre a inspiração para que vivenciem o seu potencial. Coaching é um chamado de despertar, desafiando as pessoas a acessar sua abundância interior." (BISWAS-DIENER & DEAN, 2007)

– **Por Carol Kauffman, do Institute of Coaching Harvard Medical School at McLean Hospital**

"O Coaching consiste em 'seguir a trilha dos sonhos' e 'co-criar' uma trajetória rumo à otimização da satisfação da vida e do desempenho." (KAUFFMAN, 2010) E ainda: "... Coaching é levar clientes para uma jornada para descobrir quem eles são e quem eles querem ser, não apenas o que eles querem fazer." (KAUFFMAN, 2011)

– **Por Robert Dilts, da NLP University**

Segundo o autor, o Coaching consiste:

"...em explorar os pontos fortes das pessoas, ajudando-as a vencer obstáculos e limites pessoais para alcançar o seu melhor desempenho, e permitindo-lhes funcionar de maneira mais eficaz como membros de uma equipe." (DILTS, 2010)

– **Pela International Coaching Federation**

"Coaching é uma parceria entre o Coach (profissional treinado para entregar o processo de Coaching) e o Coachee (pessoa que passará pelo processo de Coaching), em um processo estimulante e criativo que os inspira a maximizar o seu potencial pessoal e profissional, na busca do alcance dos seus objetivos e metas através do desenvolvimento de novos e mais efetivos comportamentos." (INTERNATIONAL COACHING FEDERATION, 2013)

– **Pelo Institute of Coaching Harvard Medical School at MacLean Hospital (2013)**

"Coaching é um processo de mudança que mobiliza forças e faz acontecer o potencial dos indivíduos e das organizações." (INSTITUTE OF COACHING AT McLEAN HOSPITAL, 2013)

É claro que cada definição apresentada acima traz consigo as peculiaridades de sua escola ou modelo. Contudo, com a análise dessas definições, encontramos, mesmo que intrinsicamente inseridos numa análise semântica de significado, **alguns aspectos ou condicionantes ou características em comum.**

São eles:

- **De um estado para outro**: o processo de Coaching faz com que a pessoa saia de um estado atual e se projete e alcance um novo estado futuro, sendo este o resultado do atingimento de sua(s) meta(s);
- **Potencialidade**: cada definição traz em sua concepção a intenção de revelar ou desenvolver potencialidades das pessoas;
- **Aspecto Processual:** para sair do estado atual e alcançar o estado que se pretende, é preciso agir em direção a uma meta; é a ação que permitirá o alcance do que foi definido para ser atingido. Sem ação, nada se atinge no processo de Coaching. Somente serão alcançadas as metas através de sucessivas e comprometidas ações;
- **Tecnicidade**: os processos necessariamente são conduzidos por meio de técnicas, ferramentas e protocolos de cada modelo, a fim de favorecer o andamento processual do Coaching.

Ao longo dos anos com o trabalho do Coaching, e por crer na possibilidade de condução de nossas vidas por meio de autocoaching[2], acabei constituindo para esta obra uma nova definição, diferentemente da que escrevi em 2013, tomando por base algumas condições as quais considero intrínsecas e *sine qua non* ao processo:

1. **Crença na potencialidade humana**: cada pessoa no seu universo, em sua vida, tem todas as potencialidades que precisa para ser quem precisa e quem deseja ser;
2. **Aprendizagem inata:** todo ser humano nasce com a condição de aprendizado;
3. **A mudança é a única coisa permanente em nossa existência:** precisamos a todo instante nos reconhecer e nos adaptar a nós mesmos e ao que nos rodeia;

---

[2] Indico autocoaching como a aplicação do processo de Coaching pelo próprio indivíduo na condução de sua vida em todos os seus domínios no seu cotidiano.

4. **Somente com novas atitudes instituímos novas mudanças:** se queremos novos resultados, precisamos agir de forma diferente, pois senão nada acontecerá.

5. **Só existe o agora para construção do futuro desejado:** a nossa transformação só pode ser implementada no hoje, se queremos realizar metas amanhã; e

6. **A responsabilização sobre nossas vidas nos torna plenos:** o tempo todo, estamos escolhendo algo e ninguém pode fazer por nós o que nos cabe;

7. **A felicidade é o que nos move:** independentemente das metas, dos desejos, dos comportamentos e das ações, o que as pessoas buscam é a felicidade.

> ### Definição de Coaching
> **"Coaching é uma prática processual que permite ao indivíduo conectar-se a sua potencialidade humana, de forma orientada e produtiva, favorecendo o atingimento de propósitos positivos que gerem sentido e felicidade em sua vida, com autorresponsabilização." – Andréa Perez Corrêa, 2019**

Quem participa de um processo de Coaching

O processo de **Coaching pode se originar simplesmente pela iniciativa de alguém** que deseja, de forma absolutamente particular, atingir um determinado objetivo em sua vida, seja de ordem financeira, patrimonial, profissional, emocional, espiritual, de melhoria de *performance*, entre outros.

A intenção é originada nessa pessoa, que, na linguagem do Coaching, é denominada de ***coachee***, que procura a colaboração de um especialista de Coaching, designado como ***coach***, o qual tem determinadas atribuições, competências e habilidades. Além disso, um *coach* ideal apresenta, entre muitas, as seguintes características: **comprometimento** com seu trabalho e com o cliente; **gera confiança**; tem **congruência** vivendo a sua vida e seu trabalho alinhado com os seus valores; é **treinável** no sentido de estar aberto a ideias e *feedback* de seus clientes; tem um nível alto de **generosidade** e de **compaixão**; e **entusiasma** as pessoas ao seu redor. (SOCIEDADE BRASILEIRA DE COACHING, 2009)

De acordo com a Sociedade Brasileira de Coaching (2009), as pessoas escolhem fazer Coaching quando desejam: romper alguns limites pessoais, ampliar suas realizações profissionais, conquistar uma qualidade de vida melhor, ser mais feliz no amor, obter uma vida próspera, mais equilibrada e bem-sucedida, entre outros motivos. (SOCIEDADE BRASILEIRA DE COACHING, 2009)

Já **nas organizações**, de um modo geral, **os processos de Coaching** são originados, em sua maioria, **pela iniciativa da Direção ou das Gerências,** que, verificando alguma necessidade de melhoria, seja ela de resultados, de *performance* de equipes, de planejamento, de liderança ou de relações interpessoais, buscam no Coaching uma forma de corrigir erros de processos ou maximizar potencialidades do negócio.

Na maioria das vezes, a área de Recursos Humanos nas organizações é que procura adequar as necessidades apontadas pela Direção e Gerências a uma empresa ou profissionais de Coaching que possam realizar o trabalho.

Em geral nas organizações os empregados a serem submetidos ao processo de Coaching são indicados de forma compulsória e não por iniciativa própria. As designações dos participantes do processo de Coaching, no caso das organizações, são as mesmas que na situação particular: ***coach*** e ***coachee.***

No que se refere aos ***coachees***, não há quase nenhuma restrição quanto a submeter-se a um processo formal de Coaching. Segundo Lages e O'Connor (2010), o Coaching pressupõe que o cliente seja capaz de refletir sobre seu próprio pensamento e subentende responsabilidade social, não sendo possível isso às crianças. Além disso, **os *coachees*** não devem ter problemas graves de saúde física ou mental, **preferencialmente**, pois isso também os impediria de se conduzir durante o processo de Coaching, já que eles precisam estar atuantes em suas vidas pessoal e/ou profissional. (LAGES & O'CONNOR, 2010)

Para alguns autores, o Coaching foca numa **população *non clinical*** (não clínica), ou seja, que não apresenta problemas ou diagnósticos clinicamente significativos. (GARMAN, WHISTON & ZLATOPER *apud* STOBER & GRANT, 2006)

As Sessões de Coaching

Para que a prática do Coaching aconteça, é necessário que *coach* e *coachee* tenham **momentos de encontros, sejam eles presenciais ou não**. A esses encontros é dada a denominação de **sessão**.

O processo de Coaching é realizado por meio dessas sessões de **aproximadamente uma hora, podendo acontecer de durarem menos ou mais tempo,** dependendo da proposta da sessão, e, em alguns casos, do modelo que é usado.

O **horário das sessões** fica a critério da disponibilidade das partes e a **assiduidade e pontualidade** das mesmas devem ser tratadas com responsabilidade por ambas, sendo essencial que sejam ininterruptas.

O **tempo de duração de um processo de Coaching** varia de acordo com a metodologia utilizada pelo profissional. O importante é que seja definido um tempo previsto, pois o Coaching, como um processo, tem início, meio e fim. (DA PAULA, 2011)

Na maioria dos modelos de Coaching, uma das características quanto ao processo é a rapidez com que os resultados são alcançados. Dessa forma, o que encontramos nas propostas de trabalho existentes no mercado é uma **quantidade média de sessões, que pode variar de 10 a 15**, dependendo do andamento do processo, do comprometimento e da prontidão do *coachee* e, logicamente, da conduta e protocolo utilizados pelo *coach*.

Sempre deverão ser avaliadas **para definição da quantidade de sessões** as variáveis do processo, como a complexidade da meta, o nível de envolvimento do cliente e sua motivação para promover a mudança requerida no processo. (DINSMORE & SOARES, 2011)

Essa **quantidade média de sessões pode ser reduzida**, nos casos em que se chega aos resultados esperados antes do tempo previsto e negociado, **ou ampliada**, no caso de ainda serem necessários alguns encontros para o fechamento do processo com sucesso.

As sessões ocorrem, na maioria dos modelos, **semanalmente**, mas, no caso de empresas, às vezes, opta-se que as sessões sejam **quinzenais** em função da falta de tempo dos *coachees* indicados ao processo de Coaching. O intervalo de 15 dias nas empresas também é essencial para que haja tempo para serem tomadas as medidas negociadas. Quando o *coachee* está realmente dedicado e empenhado no assunto do processo que o esteja mobilizando, pode-se optar por sessões semanais. (DINSMORE & SOARES, 2011)

Após o término do processo negociado inicialmente, quando há a necessidade, ou o desejo do *coachee* ou ainda dependendo do objetivo, às vezes de longo prazo, poderão ser realizadas **sessões de manutenção**, se de comum acordo entre o *coach* e o *coachee*, **em datas com interstícios mais ampliados, geralmente de dois em dois meses**, por exemplo.

Quando o Coaching é **realizado de forma presencial**, o local das sessões é **definido em comum acordo entre as partes**, não necessitando de instalações muito sofisticadas em termos de equipamentos; deve, preferencialmente, **trazer conforto e possibilitar que ambos se sintam à vontade e acolhidos**.

Na sessão presencial, em função do contato direto com o *coachee*, o processo é mais acelerado que nas situações à distância. Isso se deve principalmente pela possibilidade de o *coach* poder perceber a linguagem não-verbal do cliente. (DINSMORE & SOARES, 2011)

Mesmo que o processo se desenrole em sessões não presenciais, é essencial que os **primeiros contatos sejam feitos de forma**

presencial, para que se gere um clima de maior confiança indispensável ao processo. (DINSMORE & SOARES, 2011)

A **psicogeografia** (a posição do *coach* e do *coachee*) também é importante. Geralmente sentam-se em um ângulo de 90 a 120 graus em relação um ao outro e a distância varia de acordo com a cultura. (LAGES & O'CONNOR, 2010)

Na maioria das situações de Coaching, as sessões são realizadas em **salas ou locais onde não haja interrupções** ao andamento dos trabalhos, seja em local empresarial ou particular. (DINSMORE & SOARES, 2011)

Nas **sessões não presenciais**, que podem ser **realizadas por telefone ou de forma virtual, por Skype, Zoom, e-mail ou redes sociais, o local onde esteja o** *coach* **ou o** *coachee* não importa; o que é essencial é que estejam utilizando o meio combinado na hora marcada e que não haja circunstâncias que gerem interrupções.

O Coaching por e-mail deve ser evitado, pois em função das dificuldades de transcrição em palavras, no caso de muitos, para expressar fatos, emoções, comportamentos, pensamentos, entre outros, podem ocorrer diversos erros interpretativos. (DINSMORE & SOARES, 2011) Isso também pode ocorrer em outras formas não presenciais que utilizem unicamente a linguagem escrita.

O **formato das sessões varia, dependendo da metodologia e do modelo utilizados por cada tipo de Coaching**. E, como são muitas as escolas de Coaching no Brasil e no mundo, existe uma variedade imensa de formatos.

O que podemos identificar é que, na maioria dos casos, **as sessões são formadas por pelo menos quatro momentos distintos**:

Abertura	Geralmente, é o momento quando é verificado o que aconteceu depois da última sessão até aquele momento de encontro; e/ou quando é definido o que será abordado e tratado na sessão.

Desenvolvimento	Quando será abordado o tema da sessão, com a aplicação da metodologia escolhida pelo *coach*.
Resultado	Momento em que o *coach* verifica quais foram os aprendizados e resultados obtidos pelo *coachee* com a sessão e ainda quando se avalia o desenvolvimento do processo como um todo. Aqui são feitos os *feedbacks*.
Negociação do pós-sessão	É a hora de definir se haverá ou não alguma tarefa, usualmente denominada como "to do" (do Inglês, traduzindo: fazer), a ser realizada pelo *coachee* até a próxima sessão ou até uma determinada data negociada.

No caso da **primeira sessão** e, às vezes, até da segunda, é importante ressaltar que é um momento em que há o **trato de informações e acordos sobre o processo de Coaching, quando serão firmados os compromissos** por ambas as partes, além de, em alguns casos, já serem sugeridos ou **aplicados *assessments*** (ferramentas de avaliação de perfil e características profissionais) **ou avaliações** (que podem ser da situação de vida ou de qualidades) sobre o *coachee*. Em função disso, seu formato varia significativamente de profissional para profissional, ou de modelo para modelo.

Um outro ponto importante que acaba gerando uma adequação em termos das sessões é que em ambas as situações, particular ou organizacional, o processo de **Coaching pode se dar entre um *coach* e mais de um *coachee***. Isso acontece no caso de **Coaching em grupo**, quando há apenas um objetivo a ser atingido com o processo, ou seja, uma questão única a ser trabalhada por todos. (DUTRA, 2010) Como exemplo: um grupo de pessoas (*coachees*) que tenha o mesmo objetivo de emagrecer ou, no caso de uma indústria, onde há um grupo de operários que seja submetido a um processo de melhoria de resultados de produção de algum produto.

O **Coaching em grupo** é uma boa opção para: grupo de pessoas que não se conhecem e querem tratar de uma situação similar, grupo de pessoas que já se conhecem e pretendem desenvolver uma mesma competência, sócios que querem desenvolver a empresa, entre outros. (DUTRA, 2010) Apesar de o tempo de maturidade do grupo para um aprofundamento das questões abordadas ser mais demorado que no Coaching individual, a troca de experiências e o posicionamento pessoal são o ponto alto do **Coaching em grupo,** quando já se tem uma maior convivência. (LEITE, 2013)

Contratação

O processo de Coaching ocorre entre duas pessoas ou mais, sendo o *coach* **o prestador do serviço solicitado, seja por uma pessoa particularmente ou por uma empresa.**

Dessa forma, na maioria dos casos, muitos *coaches* preferem o firmamento de um **contrato formal, por escrito, no qual serão incluídas todas as condicionantes sugeridas pelo *coach* ou acordadas pelas partes, bem como o detalhamento do serviço a ser prestado e o que cabe ao *coach* e ao *coachee* de fazerem.** (DINSMORE & SOARES, 2011)

O que é essencial é que seja realmente firmado um **contrato psicológico**, pois isso é que gera realmente um vínculo real entre o *coach* e o cliente. Nos casos em que isso é possível, este tipo de postura leva o cliente a efetivamente comprometer-se consigo mesmo. (DINSMORE & SOARES, 2011)

No caso da **contratação do serviço de Coaching por empresas**, o contrato formal é **sempre utilizado**, considerando a formalidade do processo, e em função da necessidade de ser absolutamente registrado tudo que tiver sido acertado na negociação entre o *coach* ou a empresa de Coaching e a área de recursos humanos ou a direção da empresa. Neste caso, pela empresa, a parte envolvida no contrato pode ou não ser um *coachee*, como no Coaching de contratação particular.

Modelos de Coaching

Apesar de os processos de Coaching serem produzidos não

apenas pelos modelos, mas também pelos tipos (exemplos: Life Coaching / Career Coaching / Executive Coaching / Business Coaching) e ainda em nichos (Emagrecimento / Relacionamentos / Concursos Públicos / Finanças) com suas especificidades, nesta obra destaca-se a apresentação de modelos a fim de que haja um entendimento dos demais modelos, em relação ao modelo da Psicologia Positiva, não nos atendendo a dissertar sobre tipos e nichos.

Isso porque é de um **modelo, também chamado de escola, que emana a filosofia, a conduta, a metodologia, o protocolo, e a sistemática do trabalho de Coaching**, sendo, em sua maioria, alicerçados por áreas do conhecimento, doutrinas filosóficas e algumas ciências.

Se fôssemos fazer uma representação gráfica, considero pertinente conceber esses três aspectos no formato de uma pirâmide, tendo o modelo no topo, do qual emanam os protocolos e a forma de condução com base em determinada área do conhecimento, no qual será conduzido o processo no tipo de Coaching que esteja sendo aplicado, seja qual for a especificidade do nicho.

Muitos **modelos tomam emprestados conceitos, teorias, técnicas e ferramentas de outros estudos**, a fim de possibilitar a prática do Coaching da maneira que acreditam ser a mais eficaz.

Os **modelos podem ser utilizados em diversos tipos de Coaching**, pois é do modelo que emana o arcabouço necessário para que o trabalho seja desenvolvido e, por isso, o inserimos no topo da pirâmide. Na maioria das vezes, o *coach* escolhe um determinado modelo, com o qual realizará os diversos tipos de Coaching que se propõe a desenvolver e em determinado ou determinados nichos.

É difícil encontrar um *coach* que utilize mais de um modelo. Ele até pode utilizar ferramental de alguns modelos, mas, na sua conduta, com certeza, prevalecerá um deles. Outros, por sua vez, se utilizam de modelos próprios, por acreditarem na pertinência de customização de seu trabalho como *coaches* ou por não se reconhecerem em nenhum dos modelos existentes.

Dessa forma, a seguir são apresentados alguns modelos de Coaching:

Jogo interior

O modelo do **Jogo Interior** foi apresentado por Sir W. Timothy Gallwey, em 1974, quando da publicação da primeira edição de seu livro *O Jogo Interior de Tênis*, e é considerado o **marco fundamental para o início do Coaching que conhecemos hoje**. (LAGES & O`CONNOR, 2010) Para Gallwey (2013), o Coaching requer um ingrediente essencial que não pode ser ensinado: focar não somente nos resultados externos, mas também na pessoa que está sendo treinada – liderado ou *coachee*. Na abordagem do Jogo Interior, Coaching pode ser definido como a facilitar a mobilidade. (GALLWEY, 2013)

Segundo Gallwey (2013), em toda atividade humana existem duas arenas de combate: uma interna (Jogo Interior) e outra externa (Jogo Exterior). (GALLWEY, 2013)

O Jogo Interior ocorre dentro de nossa mente e é jogado contra obstáculos como medo, insegurança, lapsos de foco e os conceitos de limitação e suposições. Esse Jogo Interior é jogado para a superação destes obstáculos autoimpostos, que acabam sendo considerados como interferências para que o indivíduo acesse todo o seu potencial. (GALLWEY, 2013)

Este Jogo Interior acontece entre o que ele chama de Self 1, que é a voz que dá os comandos e que faz os julgamentos; seria o sabe-tudo que não confia no Self 2; e o Self 2, que segundo Gallwey (2013) é o próprio ser humano, que encarna todo o nosso potencial desde o nosso nascimento, e ainda todas as capacidades que já adquirimos e as que ainda serão adquiridas por nós. (GALLWEY, 2013) Além disso, é no Self 2 que se encontra a capacidade natural de aprender dos seres humanos e de desenvolver outras novas. A postura do Self 1 é que acaba por interferir no nosso processo natural de aprendizagem. A não confiança do Self 1 no Self 2 ocorre, mesmo sendo este último ego inconsciente, automático, extremamente competente. (GALLWEY, 2013; 1996)

Em termos simples, o Jogo Interior pode ser resumido em uma fórmula (Quadro 6).

$$P = p - i$$

Performance = Potencial menos Interferências

Fórmula do Jogo Interior – Adaptado do Quadro constante de GALLWEY, W. Timothy. Apostila The Inner Game Basics Para Coaches & Líderes. The Inner Game International School (2013).

Desempenho (*Performance*) é igual ao Potencial menos as Interferências. Conforme a fórmula, o desempenho pode ser melhorado com a diminuição das interferências, sendo essas, no Jogo Interior, geradas pelo Self 1. (GALLWEY, 2013)

Aprofundando o tema do Jogo Interior, Gallwey (2013) desenvolve uma abordagem de aprendizagem e treinamento com os seguintes princípios: **consciência** (não julgadora, mas sim curativa); **confiança** (no Self 2 do aluno e do *coach* quanto ao processo de aprendizagem natural) **e escolhas** (nas mãos do aluno ou *coachee*, visando manter a escolha de um resultado desejado com responsabilidade). (GALLWEY, 2013)

Muitas escolas de Coaching utilizam conceitos do Jogo Interior em suas abordagens até nos dias atuais, além da The Inner Game School.

G.R.O.W. ou Coaching para performance

O G.R.O.W. é utilizado por vários *coaches*, em diversos nichos de Coaching e, no mercado, é tratado como um modelo. Dessa forma, trataremos, neste trabalho, o G.R.O.W. como um modelo, considerando esta forma de interpretação dada aos profissionais do ramo.

É importante destacar que o modelo G.R.O.W. foi criado originalmente por Graham Alexander, que também levou o Jogo Interior para a Europa na década de 80 (LAGES & O'CONNOR, 2010)

O modelo G.R.O.W. foi apresentado por John Whitmore em 1992 quando da publicação da primeira edição de seu livro Coaching para Performance – Aprimorando Pessoas, Desempenhos e Resultados. Tendo sido treinado por Gallwey, Whitmore, com a prática do Coaching nos esportes, começou a ser questionado por seus treinandos de tênis e de *ski* sobre a possibilidade de utilizar os métodos do Inner Game em suas empresas. (WHITMORE, 2010) Atendendo à demanda, Whitmore aplicou o método no campo dos negócios, tendo, ao longo dos anos de experiência, adequado e adaptado os primeiros métodos e, como os demais expoentes dessa área, foi influenciado profundamente pela escola de Gallwey. (WHITMORE, 2010)

Cabe destacar que o G.R.O.W. compõe uma das bases do **Coaching para Performance** definido por John Whitmore (2010), que é composto da seguinte forma:

Contexto: Consciência e Responsabilidade

Habilidades: Questionamento Eficaz

    Escuta Ativa

Sequência: G.R.O.W. (detalhado mais a seguir)
(WHITMORE, 2010)

Para Whitmore (2010), as perguntas são as maiores geradoras de CONSCIÊNCIA e RESPONSABILIDADE, afirmando ainda que: "Fazer perguntas fechadas impede as pessoas de pensar. Fazer perguntas abertas as leva a pensar por si mesmas." (WHITMORE, 2010)

Partindo das conclusões acima, chegou à necessidade de saber o que perguntar e em que ordem. Foi então que definiu o mnemônico G.R.O.W. (crescimento, na língua inglesa), que se trata de uma sequência de questionamentos que segue quatro tópicos distintos, conforme apresentado no Quadro 7.

Modelo G.R.O.W.	
Goal (Meta)	Definir a meta não só para a sessão, mas também para curto e longo prazos.
Reality (Realidade)	Explorar toda a situação atual do *coachee*.
Options (Opções)	Explorar estratégias alternativas ou cursos de ação.
What/When/Who/Will	O QUE deve ser feito, QUANDO, por QUEM, e o VOU fazer.

Elaborado com base nas informações constantes em WHITMORE, John. Coaching para Performance, 2010.

Comportamental

Segundo Lages e O'Connor (2010), Coaching comportamental transfere o foco para o comportamento exterior do cliente e não para as metas, valores e motivações interiores e não focaliza os pensamentos e as emoções que o originam. Apesar de várias modalidades de Coaching atingirem mudança de comportamento, no caso do Coaching do modelo comportamental, este é a base de todo o processo. (LAGES & O'CONNOR, 2010)

Segundo o Behavioural Coaching Institute (2013), o Coaching comportamental pode ser definido como a ciência ou a arte de facilitar a performance, a aprendizagem e o desenvolvimento individual ou da equipe, que por sua vez ajuda ao crescimento da organização. A meta global do Coaching de comportamento é ajudar pessoas a aumentar a sua eficácia e felicidade no trabalho, nos estudos e/ou no contexto social. (BEHAVIOURAL COACHING INSTITUTE, 2004)

O Coaching comportamental integra pesquisas de muitas disciplinas num modelo amigável e validado de prática. Ele incorpora conhecimento da Psicologia (comportamental, social, desenvolvimento, industrial e organizacional), sistemas teóricos, filosofia existencial, educação e gerenciamento e liderança. (BEHAVIOURAL COACHING INSTITUTE, 2004)

PNL – Programação Neurolinguística

O Coaching do modelo PNL é aquele que se utiliza das contribuições da Programação Neurolinguística. As habilidades da PNL são perfeitamente compatíveis com o Coaching. (LAGES & O'CONNOR, 2010)

A PNL é o estudo da maneira como a linguagem afeta o nosso modo de pensar e, consequentemente, as nossas ações. Apesar de a PNL não ter sido desenvolvida especificamente para aplicação na área de Coaching, este é um bom veículo para muitas ferramentas de PNL. Por sua característica pragmática, a PNL se concentra em "como fazer" e em "o que fazer" e esta é uma imensa contribuição para o processo de Coaching. (LAGES & O'CONNOR, 2010)

Para o Coaching com PNL o que importa é notar o que funciona e dar liberdade de escolha aos *coachees* no contexto no qual normalmente eles não têm escolha, ou têm escolhas que não são satisfatórias. (PHILLIPS & ZUBLENA, 2012)

Psicologia Positiva

O Coaching baseado na Psicologia Positiva, inicialmente, foi chamado de Coaching da Felicidade Autêntica[3] (LAGES & O'CONNOR, 2010), e hoje é conhecido como *Positive Psychology Coaching* (Coaching de Psicologia Positiva) e, no Brasil, é chamado também como Coaching Positivo.

Seligman e Dean em parceria produziram o *Authentic Happiness Coaching Program*, que, entre 2003 e 2005, treinou profissionais de 19 países. (BISWAS-DIENER & DEAN, 2007) O curso combinava os

---
[3] AHC, do inglês Authentic Happiness Coaching.

conceitos do livro *Felicidade Autêntica*, de Seligman, e o foco em Coaching de Dean. (MEANING AND HAPPINESS, 2008)

Estudiosos como Robert Biswas-Diener, Carol Kauffman, Alex Linley e Anthony Grant vêm se dedicando para desenvolver o Coaching de Psicologia Positiva. (SO, 2009)

Segundo Biswas-Diener e Dean (2007), a Psicologia Positiva se ajusta naturalmente com o Coaching, à medida que ambos repousam na suposição de que as pessoas são basicamente saudáveis, engenhosas e motivadas para o crescimento. (BISWAS-DIENER & DEAN, 2007)

Kauffman (2010) afirma que a Psicologia Positiva é uma ciência que pode servir de suporte ao Coaching em muitos aspectos, considerando tratar-se de um estudo das condições e dos processos que contribuem para o florescimento ou o funcionamento ótimo das pessoas, grupos e instituições, e isso é o que o Coaching também oferece. (KAUFFMAN, 2010)

Os *coaches* que usam os princípios da Psicologia Positiva focam no uso potencial das forças do cliente, tais como otimismo, gratidão e criatividade, e buscam aprimorar o seu bem-estar dia após dia. *Coaches* magistrais dividem diversas técnicas, emprestadas da Psicologia Positiva, para melhorar a experiência de vida de seus clientes. (MOORE, 2010)

Positive Psychology Coaching é uma abordagem cientificamente enraizada para auxiliar os clientes a aumentar o bem-estar, aprimorar e aplicar suas forças, melhorar a *performance,* e alcançar metas valorosas. (POSITIVE PSYCHOLOGY COACHING INSTITUTE, 2013)

No Capítulo 2 desta obra, são apresentados inúmeros conceitos que norteiam o Coaching que usa o modelo da Psicologia Positiva e, com as informações constantes deste capítulo sobre o que é o Coaching, o leitor tem em mãos o que precisa para compreender os demais capítulos. Continue aproveitando a sua trajetória.

COACHING DE PSICOLOGIA POSITIVA

Capítulo 2

Daniela Levy

A Contribuição da Psicologia Positiva para o Coaching

Um dos veículos mais naturais de aplicação dos achados, ferramentas e teorias em Psicologia Positiva é o Coaching, afirma Biswas-Diener (2010). Há três semelhanças que se destacam entre as duas áreas. A primeira é o pressuposto de que as pessoas são geralmente saudáveis e têm níveis de funcionamento normais, sendo orientadas a buscar o crescimento e melhor maneira de viver.

A perspectiva básica e parte integral do processo do Coaching é a ideia de que o próprio cliente é criativo e possui inúmeros recursos psicológicos e sociais, segundo Biswas-Diener e Dean (2007), os quais podem ser aplicados para a solução de problemas no trabalho e na busca pelos sonhos.

Acontece uma caça ao tesouro, aos potenciais, durante as sessões. O *coach* luta para encontrar o cliente no local em que ele está e o potencializa para ele não apenas chegar aonde quer mas ser o seu melhor, afirmam Linley e Harrington (2006). As duas áreas trabalham com população saudável.

A segunda semelhança é o alinhamento de objetivos. A ciência da felicidade abriu portas para a investigação e descobertas acerca dos fatores do bem-estar e florescimento e essa trajetória é abrangente e catalisadora para a reestruturação da maneira como vivemos como indivíduos, grupos e sociedades, afirmam Deci e Ryan (2000).

Cientistas como Seligman e Csikszentmihalyi (2000) estudam o que faz com que indivíduos, organizações e comunidades floresçam e exploram o que leva as pessoas a serem felizes, viverem vidas mais plenas e de sucesso. E isso é altamente compatível com o Coaching.

O objetivo do Coaching de Psicologia Positiva, também chamado de Coaching Positivo, de acordo com Kauffman, Boniwell e Silberman (2009), é ajudar o *coachee* a aplicar suas forças de caráter, melhorar seu desempenho, alcançar suas metas e florescer em sua vida pessoal e profissional.

Uma terceira semelhança, de acordo com Biswas-Diener (2010), e Lyubomirksy (2007), é que a abordagem da Psicologia Positiva possibilita ao Coaching Positivo o uso de intervenções empiricamente validadas. A ciência da felicidade dá ao Coaching uma estrutura baseada em evidências.

A Psicologia Positiva é uma ciência preocupada com evidência, mensuração e testagem e aplica suas pesquisas em intervenções para melhorar escolas, empresas, instituições, governos e aspectos da vida social. O objetivo é fomentar um funcionamento superior de indivíduos e instituições, segundo Biswas-Diener (2010).

A ciência pode nos ajudar a compreender as nuances das intervenções e é a distinção entre o Coaching tradicional e o Coaching Positivo, entre os bons *coaches* e os excelentes *coaches*, afirmam Biswas-Diener e Dean (2007).

No Coaching Positivo, o foco é colocado nas potencialidades e a pessoa passa a ter menos pensamentos negativos, de acordo com estudos de Akhtar (2012). O Coaching aumenta a motivação autônoma e facilita o crescimento e a autoconsciência, um catalisador da mudança na maneira de pensar e de se comportar.

O Coaching de Psicologia Positiva integra a teoria da Felicidade Autêntica proposta por Seligman (2002), a qual aborda os três caminhos para a felicidade: o prazer, o engajamento e o significado. A orientação de vida que inclui as três dimensões de felicidade está associada com a satisfação na vida e com a "boa vida", segundo Peterson e colegas (2007).

A vida prazerosa refere-se às emoções positivas no passado, presente e futuro. A vida de engajamento está relacionada ao envolvimento com as diversas áreas da vida. A busca pelo engajamento e significado predizem maior satisfação na vida do que a busca pela vida prazerosa, afirmam Peterson, Park e Seligman (2005) e Vella-Brodrick, Park e Peterson (2009).

A boa vida inclui viver com alegria e satisfação, experienciar emoções positivas com uma determinada frequência, não necessariamente com intensidade, ter engajamento e motivação. O engajamento ocorre com o uso das forças pessoais, encontrar um sentido na vida e construir relacionamentos saudáveis e de apoio (SELIGMAN, 2002).

E a vida de significado inclui fazer um trabalho, de forma remunerada ou não, ou servir a uma causa em que a pessoa alie seus valores e forças mais importantes a sua ocupação. O serviço a uma causa maior é o principal ingrediente da vida de significado.

O processo de Coaching busca abranger esses três caminhos para a felicidade ao proporcionar instrumentos e condições para que o *coachee* experimente emoções positivas e alcance metas de significado aliadas aos seus mais fortes valores e ao uso das forças para ter a mudança de comportamento que o leve a uma vida mais engajada e feliz (BISWAS-DIENER & DEAN, 2007).

Os dois fundamentos do Coaching de Psicologia Positiva

O Coaching é atualmente aceito como uma ferramenta importantíssima no mundo organizacional. O primeiro fundamento do Coaching de Psicologia Positiva é a felicidade, segundo Biswas-Diener e Dean (2007). A felicidade é a maior aspiração humana e de importância vital para um funcionamento saudável. O bem-estar, ou felicidade, inclui traçar e alcançar metas de significado, ter relacionamentos positivos, ter pensamento positivo, (BISWAS-DIENER & DEAN, 2007), e experiências de *flow* e *savoring*, segundo Seligman (2002); Lyubomirsky e colegas (2005); e Csikszentmihalyi (1997).

Pessoas felizes ajudam mais, são mais criativas, prósociais, altruístas e saudáveis. Elas têm mais amigos próximos, são mais produtivas e melhores cidadãs (BISWAS-DIENER & DEAN, 2007). Há evidência de que o Coaching Positivo melhora os resultados de saúde, o desempenho, o uso das forças, a produtividade, o alcance de metas, enfrentamento do estresse, pensamento criativo, engajamento e significado (SAVIG & COLEGAS, 2004).

Além disso, intervenções positivas constroem o capital psicológico e ajudam na prevenção da depressão. O Coaching diminui o absenteísmo no trabalho e ajuda no funcionamento ótimo (LYUBOMIRSKY *et al.*, 2005).

O segundo fundamento do Coaching de Psicologia Positiva são as forças de caráter (BISWAS-DIENER & DEAN, 2007). Resultados de pesquisas científicas por Peterson e Seligman (2004) sugerem que potencializar as forças de caráter é um caminho seguro para o sucesso no alcance de metas.

Fundamento I do Coaching de Psicologia Positiva: A Felicidade

A ciência do alcance de metas

Caroline Adams Miller, *coach*, autora de seis livros, formada na primeira turma do MAPP (Mestrado em Psicologia Positiva Aplicada) da Universidade da Pensilvânia, foi a primeira pesquisadora a estudar a ciência do alcance de metas junto com a ciência da felicidade. Ela escreveu o primeiro livro com estudos científicos sobre o alcance de metas e trabalha com organizações do mundo todo para promover mudanças positivas.

Segundo Miller (2011), as pessoas felizes acreditam que podem alcançar metas que traçam para si, principalmente se recebem apoio social. As pessoas mais próximas no círculo social da pessoa, com quem ela passa mais tempo e a quem mais ouve são os maiores previsores de quem ela irá se tornar.

Para Miller (2011), a questão dos relacionamentos no alcance de metas é a parte menos estudada e a causa de as pessoas não alcançarem suas metas. Muitas vezes, os mais próximos do *coachee* não são encorajadores e não fornecem *feedback* positivo pelas tentativas de mudanças em bem-estar. A maioria das mulheres não segue metas que são importantes para elas, pois estão ocupadas apoiando outros, como os filhos, esposo, amigos e família, os quais às vezes não oferecem apoio.

Em pesquisas com as pessoas mais felizes do mundo, Seligman (2012), e Diener e Biswas-Diener (2008), descobriram que o determinante mais importante de sua felicidade foi uma vida social rica e saudável. Os relacionamentos fazem a diferença, segundo Ben-Shahar (2014). A relação entre o *coach* e *coachee* visa proporcionar momentos catalizadores de mudança, principalmente quando o *coach* está presente no momento.

O coachee percebe quando a presença do *coach* é apenas de corpo, mesmo por telefone. Por isso uma das habilidades fundamentais que precisa ser desenvolvida pelo *coach* é a prática da atenção plena, para explorar junto ao *coachee* os seus desejos, visão, sonhos e recursos.

Greenberg e Maymin (2013), consultoras em Coaching Executivo para grandes empresas, falam em seu livro *Profit from the Positive* (Vantagem do Positivo), sobre o acrônimo FRE (E) – reconhecimento e encorajamento frequentes - uma ferramenta com aspectos importantes para o alcance de hábitos saudáveis e metas. No Coaching de Psicologia Positiva, o *feedback* frequente é essencial para medir resultados no processo. Miller (2011) afirma que, como qualquer coisa que monitoramos, ao estabelecermos metas temos a chance de obter sucesso se recebemos *feedback* frequente.

O *feedback* pode incluir elogios. Greenberg e Maymin (2013) observam que elogiar o processo, em vez de elogiar a pessoa, é mais eficaz. Se elogiamos a pessoa, isso cria uma ansiedade na pessoa de querer manter sua distinção, enquanto o elogio ao processo, técnica ou estratégia que ela usa para alcançar uma meta funciona melhor. Um exemplo seria "Ótima maneira de encontrar alternativas".

Mueller e Dweck (1998) mostraram que o elogio à pessoa dá a impressão de que ela é naturalmente talentosa, por exemplo: "Você nasceu para ser um jogador". O elogio por uma tarefa simples pode levar a pessoa a subestimar seu nível de habilidade. Isso pode ter um efeito na motivação, pois ela pode se sentir menos competente pelo elogio por algo que ela não achou desafiador.

Já para Thompson (2003), um *coach* de esportes que alcançou um enorme sucesso, o cerne da abordagem do Coaching Positivo é a "meta dupla". Os *coaches* que equilibram a meta de mudança com a meta da aprendizagem de lições de vida auxiliam o cliente não apenas a mudar hábitos mas a desenvolver o caráter para ser uma pessoa que inspira outros a florescer e trabalhar para construir uma sociedade melhor, assevera Thompson (2010).

O objetivo em um processo de Coaching é que os clientes não só atinjam suas metas mas que também se tornem confiantes em sua capacidade de traçar metas novas para o futuro; aprendam a aprender e a lidar com os obstáculos que aparecerem.

Para Lyubomirsky (2007), se a pessoa não tem objetivos ou sonhos na vida, fica perdida, sem direção ou incentivos para agir. Ela afirma que há seis benefícios em se traçar metas. A busca de metas nos dá um senso de propósito e um sentimento de controle em nossa vida e esse é o primeiro benefício. O segundo benefício é que metas significativas aumentam nossa eficácia, a alegria e orgulho resultantes nos motivam a seguir em frente. As metas trazem estrutura e significado para a vida, e esse é o terceiro benefício. A estrutura exige responsabilidade e oportunidade de domínio em novas habilidades. Um quarto benefício de se comprometer com metas é a aprendizagem sobre o domínio do uso do tempo. E cumprir uma agenda é uma habilidade que simplifica a vida. O quinto benefício é que ter compromisso com metas durante crises e problemas nos ajuda a enfrentá-los mais facilmente. E finalmente, o sexto benefício é nos envolver com outras pessoas, como professores, clientes, *coaches*, amigos e parceiros. As conexões sociais contribuem para nosso florescimento e sobrevivência (LYUBOMIRSKY, 2007).

A coragem na relação entre coach e coachee

> *"A habilidade do coach de gerar coragem no cliente é essencial. É uma das coisas mais importantes. Minha habilidade de ver e experienciar o coração do meu cliente e então trabalhar com ele... é assim que ele será transformado, é assim que ele irá evoluir. Ele precisa pular corajosamente para a próxima parte de sua vida, e meu trabalho é realmente estar lá com ele enquanto isso acontece".* Leadership Coach, Courage and Coaching Study (2015)

A área do Coaching foca em ajudar pessoas a serem melhores no trabalho e em suas vidas. O coachee pode experimentar barreiras de vários níveis para alcançar metas pessoais e profissionais de significado. Por isso a coragem do cliente tem sido discutida na literatura popular sobre Coaching (KIMSEY-HOUSE, SANDAHL & WHITWORTH, 2011) e considerada um aspecto importante do sucesso.

Muitas pessoas não acreditam que podem alcançar metas e, às vezes, temem fracassar ou até mesmo ser bem-sucedidas. A busca de mudanças no bem-estar requer coragem. Alguns não têm a coragem necessária para mudar ou se empenhar na manutenção da mudança. No entanto, a coragem do *coach* tem sido menos explorada em estudos.

O *coach* também enfrenta barreiras internas e emocionais. Ser um bom *coach* significa atuar com bravura. Embora a abordagem das técnicas sirva a propósitos no desenvolvimento do Coaching, pode também limitar o *coach* e o *coachee*.

A coragem do *coach* não se refere a seguir numa direção, mas escolher desenvolver as qualidades de caráter que lhe permitem ter um encontro autêntico, empático, honesto, vulnerável e de compaixão com o *coachee*, segundo Steinfeldt (2015). A ênfase no que "fazemos" com o *coachee* deve ser diminuída e a atenção deve estar em nossa maneira de "ser" no relacionamento de Coaching.

Assim, mostramos ao *coachee* que pode ser benéfico arriscar, estar errado, falhar, confiar, sair da zona de conforto e ter medo. Isso inspira o *coachee* a ser mais corajoso. O importante não é apenas ajudar o indivíduo a alcançar metas, mas ajudá-lo a se tornar a pessoa que ele sempre quis ser, de maneira corajosa, e a inspirar outros com suas mudanças.

Akhtar (2016) afirma que a felicidade tem efeitos que influenciam outros em até três graus. Quando implantamos bons hábitos, somos um modelo de coragem e muitos são beneficiados em efeito dominó no aumento do bem-estar. Por isso incentivar o *coachee* a compartilhar sobre suas metas e sucessos com amigos que oferecem apoio pode ampliar os resultados.

Temos um viés negativo e queremos encontrar os erros. Mas quando o *coach* diz ao seu *coachee* que ele irá errar, aprender muito, ficar confuso e até se sentir burro, lhe dá a liberdade do risco, de acordo com Greenberg e Maymin (2013). Simplesmente perguntar o que o cliente aprendeu quando diz que não alcançou suas metas da semana, ou fez de forma incompleta, fomenta a atitude mental de aprendizagem.

Geralmente, as organizações têm a cultura da atitude mental do desempenho ou da crítica e quando os funcionários falham recebem avaliações negativas. No entanto, algumas empresas premiam os funcionários que tiveram o maior aprendizado. Jef Besos, CEO da empresa Amazon, abraça a cultura do fracasso e tentativa, segundo Stone (2014).

A Google, de acordo com Schmidt (2014), proporciona liberdade para o risco em suas plataformas de criação, em que a maioria dos projetos não funciona. A Google recebe consultores de destaque na área da Psicologia Positiva que aplicam ferramentas fundamentadas na ciência e publica diversos vídeos dessas conferências em seu canal do YouTube.

Nas organizações positivas e no Coaching de Psicologia Positiva, praticamos a atitude mental da aprendizagem com os fracassos e foco no processo, não nos fracassos. E isso envolve coragem. Coragem para fracassar e ver o mundo como um laboratório e muita coragem para não ter medo do sucesso na mudança e em ser a melhor versão de si mesmo.

Uma das coisas mais importantes que fazemos é ensinar o cliente a ter coragem e a não ter medo de errar e fracassar. Temos a oportunidade de mudar a maneira como eles se relacionam. Os clientes adotam o modelo da atitude mental de aprendizagem, do fracasso e tentativa e logo podem ser *"coaches"* informais com os filhos e com os mais próximos e o impacto em nossa sociedade poderia ser enorme, segundo Thompson (2007), um *coach* de esportes.

Relacionamentos: O Coração do Coaching

"Compaixão é a base de toda a moralidade." – Shopenhauer

No coração do Coaching está o estabelecimento de uma boa relação. Os *coaches* ajudam os *coachees* a compreenderem a si mesmos para que tracem metas significativas e usem suas forças. Isso contribui para uma relação de Coaching mutuamente engajada.

Resultados de estudos em felicidade mostram que ter bons relacionamentos é vital para o bem-estar emocional. Temos a necessidade básica de pertencer a grupos e interagir com outros e construir uma família. O contato físico, afeto e interações pessoais são necessários para o florescimento humano. (HARLOW, 1958)

Diener e Seligman (2002) conduziram estudos com as pessoas mais e menos felizes. O único traço em comum das pessoas do grupo feliz foi terem relacionamentos próximos e de confiança em suas vidas. Segundo Baumeister e Leary (1995), os relacionamentos positivos nos dão um senso de segurança e pertencimento, enquanto a falta de apego está associada a efeitos prejudiciais na saúde, no ajustamento e no bem-estar.

Biswas-Diener e Ed Diener (2001, 2006) examinaram a satisfação de vida de prostitutas e pessoas sem teto em diversos países e dos cidadãos mais pobres das favelas de Calcutá, os quais não tinham acesso a higiene, emprego, ou alimentos, muitas vezes. Embora eles não estivessem florescendo, tinham boas relações sociais e de apoio que serviam de amortecedor contra as dificuldades resultantes da falta de recursos e pobreza.

O tópico sobre relacionamentos é trazido para o Coaching com frequência pelo *coachee*. Ele pode reclamar de um chefe, ou estar à procura de alguém que o inspire, ou até tentando equilibrar tempo entre trabalho e família. Os relacionamentos de ajuda, que ocorrem quando a pessoa oferece ajuda como voluntário, ou quando doa seu tempo ou recursos a uma causa, se traduzem em ganhos em felicidade e fazem a pessoa se sentir competente e valorizada. (BISWAS-DIENER & DEAN, 2007)

Os relacionamentos ajudam na felicidade e a felicidade ajuda os relacionamentos. Auxiliar o cliente a ter foco nas conexões aumenta sua felicidade. As pessoas mais felizes têm mais laços sociais, casamentos felizes e boa relação com os colegas, segundo Biswas-Diener e Dean (2007).

É importante trabalhar com o cliente no Coaching em relação a sua rede social e considerar atividades que envolvam o uso dos recursos sociais dele. Pedir para ele listar as pessoas mais próximas no trabalho e fora, com quem tem coisas em comum e saber como elas oferecem desafios e oportunidades pode ajudar o cliente a fortalecer sua rede de apoio. (BISWAS-DIENER & DEAN, 2007)

Dutton e Ragins (2007) estudam a importância dos relacionamentos no trabalho e afirmam que o sucesso das empresas depende da qualidade das interações dos funcionários. Boas relações fomentam a autoaceitação. Segundo Dutton e Heaphy (2003), as relações de alta qualidade são marcadas pela capacidade de enfrentamento de pequenos conflitos, resiliência, sentimentos positivos e o senso de que a amizade é recíproca. Essas conexões mantêm o entusiasmo e a motivação dos funcionários com os projetos.

A Positividade

> "Ao contrário da crença popular, a positividade não é achar que tudo dará muito certo o tempo todo. É focar no presente, no que está indo bem e no que você pode fazer para melhorar uma situação." – Will Bowen

As emoções positivas não cabiam nos modelos existentes das emoções, então um novo modelo foi criado para descrever a função de emoções como alegria, interesse, contentamento e amor. Esse modelo propõe que as emoções positivas servem para expandir o repertório de pensamento e ação do indivíduo, o que constrói seus recursos físicos, intelectuais e sociais. (FREDRICKSON, 1998)

A Psicologia Positiva tem se apropriado do termo eudemonia no senso Aristoteliano da busca da boa vida pelo cultivo das virtudes e emoções positivas. A função da positividade agora captura o interesse da ciência como nunca antes. As experiências de emoções positivas são centrais para a natureza humana e contribuem ricamente para a qualidade de vida das pessoas, segundo Diener e Larsen (1993).

Barbara Fredrickson começou a estudar as emoções positivas na década de 1990 e tem desafiado os moldes tradicionais pelos quais se explicava a função das emoções com a teoria do "expandir e construir", pela qual recebeu importantes premiações científicas (FREDRICKSON, 2001). Fredrickson estuda as seguintes dez emoções: alegria, gratidão, serenidade, interesse, esperança, orgulho, admiração, inspiração, reverência e amor.

As emoções positivas apontam para momentos humanos vitais. Alteram o ritmo cardíaco, a química corporal, a tensão muscular e expressões faciais. A positividade modifica o conteúdo da mente e seus limites. Alarga as fronteiras e possibilidades vistas e torna-nos mais receptivos e criativos. Também transforma o futuro por construir recursos múltiplos e reservas, tais como resiliência e otimismo, sono mais tranquilo e melhores conexões sociais com amigos e família. E ainda coloca freios na negatividade. (TUGADE & COLEGAS, 2004)

A positividade tem papel fundamental em uma escala de tempo. Enquanto as emoções negativas têm a função de tendência à ação para a sobrevivência no presente, com o efeito lutar ou fugir, as emoções positivas armazenam recursos cognitivos para uso futuro e isso tem vastas implicações para o florescimento humano. A alegria sentida hoje poderá um dia salvar nossa vida e servir de amortecedor em momentos de crise e dificuldades. (FREDRICKSON, 2007)

Estudos têm mostrado que emoções positivas despertam exploração, curiosidade e aprendizado experimental, além de produzir mapas mentais mais corretos do mundo. As emoções negativas, ao contrário, interferem na curiosidade e aprendizado e nos impedem, de certo modo, de experienciar o mundo. (FREDRICKSON & KURTZ, 2011)

A curiosidade, aprendizado e exploração nos permitem descobrir, construir novas habilidades, laços sociais e novas maneiras de ser. As pessoas que expressam mais emoções positivas vivem até dez anos a mais. (DANNER & COLEGAS, 2001)

Um estudo de meta-análise que revisou mais de 300 estudos envolvendo 275.000 pessoas concluiu que a positividade produz sucesso na vida, casamentos mais satisfatórios e melhor saúde. Há vasta evidência científica, por experimentos controlados em laboratórios a estudos longitudinais de grande escala sobre o impacto da positividade na saúde. (WAUGH & COLEGAS, 2008)

Um grupo de cientistas da Universidade de Toronto conduziu experimentos em laboratório injetando positividade, neutralidade e negatividade nos participantes por dois testes. Quanto mais positivos os participantes se sentiram, maior criatividade verbal eles demonstraram nos testes. A positividade altera nosso cérebro e modifica a maneira como interagimos com o mundo. (ISEN & TURKEN, 1999)

Dados de uma gama de experimentos feitos por Diener e Seligman (2002) mostram claras conexões causais entre os estados emocionais e visão de vida que as pessoas têm. Quanto mais cursos de positividade pelos circuitos neurais, maior expansão terá a mente, aumentando a capacidade de experienciar emoções positivas, se conectar com as pessoas e fazer o bem a outros.

As pessoas positivas se aceitam mais, apreciam a subjetividade de outros e veem sua vida como cheia de propósito e significado. Também têm interações mais profundas e de confiança, sentem-se mais apoiadas por pessoas próximas e têm mais saúde, segundo Fredrickson (2009).

A positividade está associada a marcadores biológicos objetivos e sólidos de saúde física, com menos hormônios associados ao estresse, mais hormônios de crescimento e de confiança, mais dopamina, opioide e melhor funcionamento do sistema imunológico, com menos respostas inflamatórias. (BERKE & COLEGAS, 1989) Outros marcadores são: menos resfriados, menos dor, melhor sono, menos riscos a hipertensão, diabetes ou enfarto. (DAVIDSON & COLEGAS, 2003; COHEN & COLEGAS, 2003; BARDWELL & COLEGAS, 1999; RICHMAN & COLEGAS 2005; OSTIR, 2001)

Normalmente, as pessoas antes de dormir pensam sobre o que deixaram de fazer. Ao invés de focar no negativo, pensar sobre o que deu certo é uma maneira eficiente de plantar raízes de positividade e também se perguntar: o que está indo bem em minha vida agora? (SELIGMAN, 2002)

Fredrickson (2009) criou um "kit ferramentas" para o desenvolvimento da positividade que o *coach* pode trazer para sua prática. Ela inclui 12 ferramentas:

1. Esteja aberto a aceitar o momento presente;

2. Crie conexões de alta qualidade, com engajamento respeitoso e apoio;

3. Cultive a bondade, atendendo às necessidades de outros;

4. Desenvolva distrações saudáveis, como ler etc., para quebrar a ruminação e excessiva negatividade;

5. Desafie os pensamentos automáticos negativos e avalie a evidência pelos fatos;

6. Passe tempo perto da natureza, em uma praça, mata ou litoral, regularmente;

7. Aprenda quais são suas forças e utilize-as;

8. Medite em um ambiente tranquilo, respirando profundamente;

9. Reflita sobre as coisas boas ao seu redor;

10. Pratique a gratidão, através de um jornal;

11. Experiencie a positividade, saboreie os bons momentos da vida, quando você estava bem;

12. Localize suas fontes de positividade;

13. Procure e colecione, faça um projeto de montar portfólios de cada uma das dez emoções, uma por semana, que poderão conter fotos, cartas, frases, objetos com significado, reunidos em um álbum, ou *blog*. Os portfólios serão um documento do cultivo contínuo das emoções positivas e poderá ajudá-lo a florescer.

Os *coaches* precisam estar conscientes de seus vieses quanto à ansiedade do cliente com as metas. As emoções negativas fazem parte da vida e dos momentos de fracasso. É importante que o profissional não ignore esse lado, pois pode servir como motivador para o sucesso, como argumentam Biswas-Diener e Kashdan (2015).

Os clientes podem tolerar as dificuldades e frustrações mais do que pensamos e se lembrarem delas depois como momentos de aprendizagem. De acordo com as pesquisas de Biswas-Diener e Kashdan (2015), a adversidade pode estar relacionada ao otimismo, resiliência e sabedoria.

O *Flow* no Coaching e nas Organizações

> *"Os melhores momentos de nossa vida não são os tempos passivos, receptivos e de relaxamento... Os melhores momentos acontecem quando o corpo ou a mente da pessoa é levado ao seu limite em um esforço voluntário para realizar algo difícil e que vale a pena."* – Mihaly Csikszentmihalyi

Mihaly Csikszentmihalyi (1996) descobriu que as pessoas encontram satisfação genuína durante um estado de consciência chamado *flow*. Nesse estado a pessoa fica absorta na atividade, principalmente se envolver o uso de habilidades criativas. A pessoa sente-se forte, alerta e no controle de suas ações. Segundo Csikszentmihalyi (1991), o *flow* é o estado de uma realidade alternativa. A identidade desaparece do consciente e a existência é suspensa temporariamente, afirmam Csikszentmihalyi e colegas (2005).

Csikszentmihalyi e Rathunde (1993) asseveram que a felicidade requer um preparo e cultivo, com desafios que não sejam nem muito difíceis nem muito simples para as habilidades. E quanto mais a pessoa desenvolve suas habilidades mais ela se aproxima das experiências de pico no desempenho. A felicidade é desenvolvida quando aprendemos a alcançar *flow*.

O aspecto chave do *flow* é o controle. Exercitamos controle sobre os conteúdos de nossa consciência, em vez de permitir que nossa atenção seja dirigida para vários estímulos externos. Envolvemo-nos na atividade de modo que nada mais importa. Todas as distrações se perdem de vista, segundo Csikszentmihalyi e colegas (2005).

A experiência de pico pode ocorrer durante atividades físicas, trabalho em um projeto difícil, uma leitura ou conversa envolvente, diz Csikszentmihalyi (1998). Durante o processo do Coaching, o *coachee* é levado a focar no momento e a criação da sua visão de bem-estar ou de sucesso e metas pode ser tão envolvente quanto o alcance dessas e pode levá-lo ao *flow*.

Algumas pessoas desenvolvem *flow* a um ponto em que são capazes de traduzir cada ameaça em potencial para um desafio agradável e manter a tranquilidade como um estado mental. Tal pessoa está sempre envolvida com o que acontece e experimenta o *flow* a maior parte do tempo. Alguns indivíduos anseiam por oportunidades desafiadoras para testar suas habilidades, enquanto outros evitam desafios, afirma Csikszentmihalyi (1996).

Um aspecto-chave do *flow* é que enquanto nessa condição todos os *inputs* do cérebro se voltam para uma única atividade, por isso a noção de tempo muda, qualquer desconforto, fome ou cansaço desaparecem e os pensamentos negativos não entram na mente, diz Csikszentmihalyi (1998). Isso pode ocorrer ao comermos ou saboreamos um momento com desafio.

O *coachee* poderá alcançar *flow* ao focar na sessão ou atividade com atenção plena no momento presente, ao estabelecer metas claras, alcançáveis e um pouco desafiadoras, ao receber *feedback* para suas ações e ao estar engajado nas conversas de descobertas e aprendizagem.

A experiência de *flow* é como abrir uma porta a novas experiências de pico no desempenho. Há um sentimento espontâneo de flutuar. Em atividades como esportes, execução de música, realização de projetos de trabalho, ou estar com seu melhor amigo, o canal do *flow* acontece.

Geralmente, o *flow* é relacionado a algo que faz a pessoa feliz, a sua maior paixão, quando a pessoa está entusiasmada e ao que faz outros felizes também, diz Csikszentmihalyi (1988). Ocorre quando ela está fora de sua zona de conforto. Isso traz serenidade e controle da situação.

Não importa a cultura ou atividade, quando a pessoa entra em *flow*, se sente parte de algo maior e a atividade torna-se valiosa. Ela sabe o que precisa fazer e que isso é possível de ser feito, de acordo com Csikszentmihalyi (1996). Por isso também é importante que as metas no Coaching sejam SMART, que significa meta específica, mensurável, atingível, realista e com tempo determinado; assim o *coachee* tem claramente definido aonde quer chegar e sabe quando alcançou sua meta.

Aprender novas habilidades, ir além dos próprios limites, como ocorre com atletas quando praticam esportes, ou permitir-se manter o foco em um projeto de trabalho, pode levar a pessoa a ter um senso de domínio e a experimentam *flow*. O *flow* faz com que as atividades sejam mais agradáveis, melhora o desempenho no ensino, aprendizagem, esportes e criatividade. A pessoa deve buscar alcançar cada vez mais desafios para manter o estado de *flow*, segundo Csikszentmihalyi (2008).

Por isso, após o *coachee* alcançar suas primeiras metas é preciso traçar metas ainda mais desafiadoras para que continue a experimentar momentos de *flow* e crescimento. Precisa haver desafio para haver o *flow*.

Nos Estados Unidos as pessoas têm mais *flow* no trabalho do que no lazer. Para medir o *flow*, Csikszentmihalyi (1998) fez uma experiência pioneira, que é hoje mundialmente utilizada, com foco nas condições em que o *flow* acontece. Na economia atual, a escolha de um emprego por um indivíduo qualificado vai depender mais do *flow* que das diferenças de salário.

O trabalho pode ser o principal facilitador do *flow* e as condições-chave são:

1. Metas claras;

2. Equilíbrio entre desafio percebido e habilidades percebidas; e

3. *Feedback* claro e imediato.

Csikszentmihalyi (1996) estudou muitas das pessoas mais criativas do mundo, entre elas ganhadores do prêmio Nobel em várias áreas. Ele observou que para a criatividade florescer é preciso anos e anos de prática diária, esforço persistente no uso das habilidades e aprimoramento dos recursos, mesmo que haja uma paixão ou vocação. E então ocorrem experiências de pico e alto desempenho em inovação e criatividade. Para exemplificar aos leitores: Oscar Niemeyer se tornou referência mundial da arquitetura contemporânea. Tinha paixão pelo que fazia. Um Brasil mais urbano e moderno surgiu dos traços ousados de Niemeyer. Seus projetos traziam os ingredientes para o *flow*, desafios enormes. Desenhou Brasília em apenas quatro anos. Foram 600 lindos projetos ao redor do mundo.

Possivelmente, com o uso das forças de criatividade e apreciação da beleza e excelência Niemeyer inovou com curvas que mudaram o rumo da arquitetura moderna de linhas retas. Recebeu o prêmio Pritzker de Arquitetura e o Leão de Ouro da Bienal de Arquitetura de Veneza, entre muitos outros por seus projetos que lembram esculturas flutuantes. Niemeyer evoluiu através de décadas.

Apesar da complexidade de suas obras, ele trabalhava muito rápido e com alto desempenho. Em apenas uma hora ele imaginou o projeto dos sete prédios do Memorial da América Latina, centro cultural localizado em São Paulo, um tempo recorde mundial para algo tão complexo. Utilizou suas forças para presentear a humanidade com excelência e inovação em design.

A receita para o *flow* é identificar as forças pessoais e escolher ou recriar um trabalho que permita sua utilização frequente. O *flow* aumenta a satisfação, motivação e desempenho. Quanto mais uma pessoa experimenta *flow*, maior o seu senso de controle na atividade. (CSIKSZENTMIHALYI, 2008)

Se a pessoa alia seus valores ao que faz, o *flow* tem o potencial de trazer resultados organizacionais positivos, pois diminui a ansiedade, melhora a eficiência, a satisfação e relações de trabalho. (GOODMAN, 1996) A abordagem positiva transforma a tarefa em vocação, aumenta a sensação de plenitude, favorece a lealdade e traz um senso de propósito e realização.

Já nos contextos corporativos, Heckman (1997) afirma que desenhar um trabalho para experiências de *flow* permite que as organizações sejam mais adaptáveis e realizem o potencial criativo dos funcionários. As organizações podem aumentar a experiência de flow através de apoio e recursos.

As experiências de *flow* nas pesquisas de Eisenberger e colegas (2005) estavam relacionadas ao humor positivo, interesse na tarefa e espontaneidade organizacional, ou desempenho voluntário de tarefas extras entre funcionários altamente orientados à realização.

Nas organizações positivas, desempenhar uma tarefa percebida como importante para outros faz com que os funcionários apreciem mais sua tarefa e se sintam mais engajados e focados (EISENBERGER

& COLEGAS, 2005). A grande descoberta sobre o flow é que não apenas os grandes inventores, arquitetos, juízes, historiadores e escultores o experimentam, mas todos nós e é possível sentir seu efeito com mais frequência. (CSIKSZENTMIHAYI & COLEGAS, 2005)

Savoring e o equilíbrio do senso pessoal de tempo

Em um mundo de crescentes demandas por maior desempenho em menor tempo, torna-se cada vez mais difícil se permitir estar presente no momento. Os pensamentos aceleram e a ansiedade e estresse podem se instalar. Por isso, a prática do saborear se faz cada vez mais necessária.

Fred Bryant, psicólogo social da Universidade Loyola de Chicago, é considerado o pai do conceito de savoring. Ele o define como estar engajado e consciente dos sentimentos positivos durante eventos. Esse engajamento traz felicidade e potencializa os efeitos das emoções positivas e faz a experiência durar mais.

Savoring é o ato de vivenciar, antecipar ou lembrar uma experiência prazerosa ou positiva, segundo Bryant e Veroff (2007), e ao saborearmos o corpo é inundado de neurotransmissores como dopamina e serotonina.

Estar presente no momento e ouvir o outro são uma das maiores dádivas que podemos oferecer ao outro nos relacionamentos atuais. Isso é difícil para os adultos, que se distraem com a tecnologia, estresse e multitarefas. No Coaching, os exercícios de savoring ajudam o *coachee* a deixar para trás as preocupações durante sua sessão.

Saborear o presente e sonhar com o futuro são habilidades relacionadas ao senso pessoal do tempo, segundo Biswas-Diener e Dean (2007). O tempo gasto vivendo no passado, presente e futuro precisa ser saudável, pois o equilíbrio da orientação do tempo é crucial para a saúde.

Imaginar-se no futuro tendo alcançado metas antecipa as emoções positivas e a área no cérebro associada à recompensa e gratificação é ativada. Para essa área do cérebro, a imaginação não se distingue da realidade.

Algumas maneiras de o cliente saborear é compartilhar sobre seus sucessos, suas alegrias e orgulho com pessoas que oferecem apoio. Essa é uma boa maneira de intensificar os sentimentos bons, sugerem Bryant e colegas (2005). Compartilhar também constrói a confiança e coloca o *coachee* em uma espiral ascendente de emoções positivas importantes para sua saúde, relacionamentos e produtividade.

Um exemplo de saborear é estar com pessoas que tenham interesses em comum, como um grupo de ciclistas que sai para praticar sem competir, pelo prazer de estarem juntos ao ar livre, sentindo o vento, os cheiros do parque, ouvindo os pássaros e estando engajado nas conversas.

Na prática do Coaching de Psicologia Positiva, as expectativas de felicidade atual, relembradas e esperadas podem orientar o *coachee*. O *coach* pode discutir com o *coachee* sobre quais seriam suas emoções na situação futura quando ele alcançar sua visão de felicidade e se tornar o seu melhor.

Pedir ao *coachee* que relembre os sentimentos positivos em uma situação passada de sucesso e quais forças ele utilizou para chegar lá o ajuda a saborear momentos bons e de uso de recursos que ele possui, o que é importante se ele estiver lutando para tomar decisões sobre mudança.

Fundamento II do Coaching de Psicologia Positiva: as Forças de Caráter

O uso das forças de caráter no Coaching e nas organizações

Em 2004, um grande desenvolvimento científico ocorreu nas ciências sociais. Esse avanço resultou de um projeto de três anos apoiado pelo Values in Action (VIA) Institute. O estudo foi liderado por Martin Seligman e Christopher Peterson e contou com a colaboração de 53 cientistas sociais de todo o mundo. Eles coletaram exemplos de humanidade em seu melhor e identificaram os marcadores universais da felicidade. Criaram, então, a classificação das virtudes e forças de caráter. (PETERSON & SELIGMAN, 2004)

As forças de caráter são traços positivos que todos possuem e expressam para viver de maneira a causar um impacto positivo em outros. São manifestadas nos pensamentos, sentimentos e comportamento e formam os blocos de construção do florescimento humano, de acordo com Peterson e Seligman (2004). A Classificação VIA fez com que cientistas explorassem a natureza do caráter como nunca antes ao criarem uma nova linguagem para compreender o que há de melhor nas pessoas.

Como preconizado por Seligman e Csikszentmihalyi (2000), o estudo dos traços de caráter ocupa um lugar central na área da Psicologia Positiva. As emoções positivas e experiências positivas são resultantes do bom caráter, de acordo com Park e Peterson (2009), e Peterson e colegas (2007).

A Classificação VIA inclui seis virtudes, que foram identificadas como as principais características valorizadas por filósofos e pensadores de todos os tempos e culturas, que são: sabedoria, coragem, humanidade, justiça, temperança e transcendência e 24 forças de caráter distribuídas em cada uma delas.

As forças de caráter são universais, mensuráveis e moralmente valorizadas e seu uso equilibrado traz mais satisfação e realização, segundo Peterson e Seligman (2004). Já o assessment VIA Survey possibilita elencar as 24 forças de caráter em ordem hierárquica do respondente, sendo as primeiras cinco consideradas convencionalmente como as forças de assinatura do indivíduo que faz o teste.

O questionário VIA Survey é o único questionário *online* gratuito do mundo e já foi feito por mais de oito milhões de pessoas de 193 países, em 31 línguas e outras dez em estudos de validação na época de publicação desta obra, o que resultou em melhores ambientes de trabalho, escolas e equipes globalmente. O VIA Institute ajuda educadores, *coaches*, acadêmicos, líderes e o público em geral a incorporar forças de caráter em suas vidas e trabalho. (VIA INSTITUTE, 2019)

O uso das forças abrange várias áreas do Coaching, como Coaching Executivo, de Vida, de Saúde e de Bem-estar, de Esportes, Coaching para Pais, Crianças e Coaching para Professores e Escolas, segundo Fox Eades (2008); Park e Peterson (2009); Coaching para Instituições e Organizações Positivas, e no Inquérito Apreciativo (COOPERRIDER E WHITNEY, 2005).

De acordo com Peterson e colegas (2007), as forças de caráter associadas com a vida prazerosa são o humor, entusiasmo, inteligência social e amor. As forças de caráter mais associadas ao engajamento são a curiosidade, esperança, perseverança e perspectiva. Já as forças de caráter mais relacionadas com a vida de significado são a espiritualidade, gratidão, esperança, curiosidade e entusiasmo. Segundo Park e colegas (2004), há vasta evidência de que entre adultos as forças de caráter da espiritualidade, esperança e curiosidade mostram uma relação robusta com satisfação na vida, felicidade e bem-estar psicológico.

Quando os *coaches* convidam os *coachees* para identificar suas forças de caráter, surgem novas conversas para discussão e exploração. Os *coachees* começam a descobrir novas partes de si mesmos, e aspectos esquecidos, suprimidos ou negligenciados se tornam valorizados de maneira consciente. Surgem oportunidades de aprendizagem e o *coachee* passa a se apoderar de seus pontos positivos. O que antes era visto de forma negativa passa a ser considerado recurso útil para lidar com barreiras e aspirações.

À medida que os *coaches* se familiarizam com a Classificação VIA e pedem aos *coachees* para fazerem o questionário, adquirem uma linguagem abrangente e objetiva para aplicarem a ferramenta de reestruturar as perspectivas negativas do *coachee* sobre si mesmo e transformam a autoimagem dele. Por exemplo, o *coachee* pode reformular sua perspectiva negativa de ser "teimoso" para ser "perseverante", e se fortalecer ao usar sua perseverança e esperança para construir novos hábitos saudáveis.

Os *coaches* conhecem seus *coachees* em um nível muito pessoal e cultivam um relacionamento de confiança e honestidade. Compreender as forças de caráter do *coachee* e os aspectos principais de sua personalidade é um passo crucial para mudanças. As forças de caráter fornecem uma linguagem comum para o *coach* e *coachee* usarem quando constroem o relacionamento e trabalham juntos na autoeficácia e alcance de metas.

Carol Kauffman é uma das *coaches* mais procuradas do mundo e atende clientes de grandes corporações internacionais. Ela se considera mestre em trabalhar pelas lentes das forças. Kauffman (2006) afirma que como *coaches* nós precisamos ser fluentes o suficiente com as forças VIA de caráter para sabermos falar por três minutos sobre cada força, em nossas próprias palavras, com os *coachees*.

Quando o *coachee* não faz o teste VIA Survey, Kauffman aponta as forças de caráter dele e discutem como elas são usadas e quando ajudam ou prejudicam. Avaliam juntos o melhor uso das forças necessárias para uma situação e as que não são usadas o suficiente. (KAUFFMAN, 2006)

A primeira força de assinatura de Carol Kauffman é a gratidão, a qual ela usa muito em sua prática de Coaching. Kauffman trabalhou com um cliente executivo que queria crescer na empresa. Ao perguntar sobre seus projetos, percebeu que muito da pesquisa e trabalho dele não eram reconhecidos, embora ele fosse a razão do sucesso da empresa. O *coachee* havia se deixado ser invisível. A lente da gratidão de Kauffman permitiu que ela visse que ele não era reconhecido. As forças do amor à aprendizagem, julgamento e perseverança alimentavam a dedicação do *coachee* ao seu trabalho. Ela disse a ele que o percebia como invisível e que isso deveria mudar. Eles trabalharam juntos com maneiras de como ele poderia ser visto e reconhecido para criar novas oportunidades de crescimento na organização.

Outro cliente de Kauffman estava enfrentando uma questão motivacional e queria vender a empresa, o que chocou Carol. Ela revisou os resultados das forças de caráter do VIA Survey com a *coachee* e juntas viram que uma de suas grandes forças era a apreciação da beleza e excelência. A *coachee* afirmou que via muitas coisas belas ao seu redor todos os dias e que esse não era o problema, mas descobriu que a empresa não estava excelente no momento, por isso não queria ficar. Juntas elas pensaram e discutiram sobre ideias de como a empresa poderia restaurar a excelência. Novas metas foram traçadas. As forças de caráter da criatividade e perspectiva foram usadas.

Estabelecer metas é parte essencial do bom Coaching e as forças de caráter podem ser centrais nessas discussões, segundo Kaufman e colegas (2009). Os *coaches* podem associar as forças de caráter com as metas dos *coachees*, o que ajuda no alcance delas e no bem-estar.

Por exemplo, quando a pessoa traça metas para rotinas de atividades físicas e tem a força da apreciação da beleza e da excelência, poderá optar por caminhadas na natureza e, gradualmente, até escaladas nas montanhas. Isso lhe proporcionará experiências de transcendência, elevação e serenidade.

Já a pessoa que tem o amor ao aprendizado como força de caráter principal poderá praticar atividades enquanto lê ou ouve áudio de livros, em uma esteira ou bicicleta. Combinar estratégias de metas com o uso das forças de caráter pode melhorar a adesão e sucesso. As forças de caráter podem ser a própria meta, por exemplo, construir a gratidão ou bravura no processo de Coaching.

Os *coaches* podem olhar para qualquer situação em questão e considerar quais forças de caráter estão em jogo. Elas podem ser usadas em excesso ou não o suficiente em qualquer ocasião e podem explicar os desafios que o *coachee* enfrenta. Discutir essas observações oferece uma perspectiva pela qual os *coachees* veem novas alternativas. (KAUFMAN, 2006)

Quando a pessoa usa suas forças com equilíbrio e alcança os

resultados desejados, quer seja no trabalho, nos relacionamentos, ou no alcance de suas metas, ela entra no estado de *flow*, segundo Cszentmihalyi (2008). Manter o foco e investir nas forças de caráter dos funcionários e no que as pessoas fazem melhor naturalmente ajuda as organizações a alcançar excelência e obter os maiores ganhos pelo desenvolvimento humano. (CLIFTON & HARTER, 2003)

O pressuposto básico do enfoque baseado nas forças de caráter é que as pessoas têm talentos nos quais as forças são construídas (KO & DONALDSON, 2001). Se a pessoa consegue utilizar suas forças pessoais com frequência, é porque tem uma vocação. As tarefas passam de transtorno a gratificação.

O desenvolvimento baseado nas forças de caráter ajudou um hospital a alcançar uma dramática diminuição de 50 por cento na rotatividade anual, que era de 35 por cento. Isso ocorreu após entrevistas estruturadas com o inventário de forças, e o apoio de grupos na ulitização das forças (BLACK, 2001).

Segundo Seligman (2011), uma força pessoal tem a característica de: Promover um senso de propriedade e autenticidade ("É assim que sou"); Uma rápida curva de aprendizagem quando a força é praticada pela primeira vez; Anseio por encontrar novas formas de utilização; Fortalecimento ao usar a força; Criação de projetos pessoais que girem em torno da força; e Alegria e entusiasmo durante o seu uso.

O estudo de Connelly (2002) com 400 funcionários e 54 equipes da empresa Toyota mostrou que intervenções positivas aumentaram a produtividade em seis por cento. Os funcionários que usaram suas forças pessoais foram mais produtivos, tiveram menor rotatividade e melhor desempenho.

Clifton e Harter (2003) observaram que houve aumento do engajamento dos funcionários de 65 organizações, como resultado de uma abordagem baseada nas forças em um período de dois anos. Além de maior engajamento, a abordagem positiva promove no indivíduo o aumento da esperança, bem-estar subjetivo, autoeficácia e satisfação com a vida. (CONNELY, 2002; HODGES & CLIFTON, 2004)

Intervenções com base nas forças levam a resultados organizacionais positivos, como aumento da margem de receita e das experiências positivas no local de trabalho, menos rotatividade, o aumento da lealdade dos funcionários, maior engajamento, satisfação com a vida e produtividade de funcionários e equipes. (HODGES & CLIFTON, 2004; BLACK, 2001; CLIFTON & HARTER, 2003)

Se as pessoas identificam suas forças de assinatura e as usam de novas maneiras todos os dias, no trabalho, em *hobbies*, com amigos e família, na escola, ou para vencer desafios, isso traz mais satisfação na vida. (RYAN, 2017)

Intervenções Positivas nas Organizações com o Coaching

Quando o bem-estar é fruto da integração das forças de caráter e virtudes, a vida fica cheia de autenticidade e isso leva às emoções positivas, bons sentimentos, gratificação e à satisfação profissional. A reformulação do trabalho de modo a aperfeiçoar diariamente as forças de caráter e virtudes torna as tarefas agradáveis. A gratificação resulta da tarefa e não dos benefícios materiais que acarreta.

As pesquisas indicam que mais felicidade gera maior produtividade no trabalho e salário mais alto. (STAW & COLEGAS, 1994) Foi feito um estudo que avaliou a frequência das emoções positivas em 272 empregados, os quais foram acompanhados por 18 meses. Os mais felizes tiveram avaliação mais positiva de seus supervisores e um aumento de salário. (STAW *et al.*, 1994)

Em um estudo de grande escala feito na Austrália por 15 anos, a felicidade foi fator indicativo de um emprego bem remunerado. (MARKS & FLEMING, 1999) Crianças e adultos felizes escolhem metas mais ambiciosas, têm um desempenho melhor e são mais persistentes no alcance de suas metas. As pessoas felizes adotam mais precauções relacionadas à segurança e à saúde e tem mais emoções positivas, o que neutraliza as emoções negativas. (FREDRICKSON & LEVENSON, 1998)

Segundo Seligman (2002), quando estamos felizes gostamos mais dos outros, partilhamos mais do que temos de bom, mas quando estamos tristes ficamos mais desconfiados, alheios e concentrados mais defensivamente em nossas necessidades. A emoção positiva promove interações bem-sucedidas com o ambiente de trabalho e as intervenções positivas objetivam aumentar a quantidade de emoções positivas do indivíduo, pois um melhor desempenho resultará.

Os indivíduos que têm paixão pelo que fazem e vocação possuem um comprometimento pelo bem maior e uma missão, em vez da busca pelo dinheiro. Em um estudo realizado por Wrzesniewski e colegas (1997), 28 serventes de um hospital foram observados. Aqueles que viam o trabalho como vocação tentavam torná-lo significativo, eram eficientes e faziam mais que sua obrigação, buscavam alegrar a vida de outros, enquanto os sem vocação viam seu trabalho como a limpeza dos quartos.

Diante dessas considerações, é essencial o uso de abordagens e temas da Psicologia Positiva em contextos organizacionais com o Coaching, e a seguir serão apresentados: o *mindfullness* e o inquérito apreciativo que podem favorecer os colaboradores e a empresa.

Logicamente que esses dois tópicos são apenas mais duas temáticas que podem favorecer o Coaching com aplicação da Psicologia Positiva, além do que já vimos neste capítulo, e ainda outros que serão abordados nos capítulos 3 e 4, sobre os modelos usados por mim e pela outra autora.

Mindfulness Organizacional e Individual

O *mindfulness* organizacional, de acordo com Weick e Sutcliffe (2001), se refere à extensão pela qual uma organização capta detalhes sobre ameaças emergentes e cria ações em resposta a esses detalhes. Seria a discussão regular acerca de ameaças e questionamento dos pressupostos existentes.

O *mindfulness* organizacional pode ser desconstruído em cinco mecanismos:

1. A preocupação com fracassos e abertura à análise de riscos;

2. Relutância em simplificar interpretações, questionar pressupostos pré-existentes e considerar alternativas;

3. Sensibilidade a operações e busca da compreensão da situação geral da empresa em tempo real;

4. Comprometimento com a resiliência em que falhas são celebradas e analisadas para aprendizagem; e

5. O processo de tomada de decisão é baseado na experiência, consultores especializados são buscados em vez de autoridades hierárquicas. (WEICK & SUTCLIFFE, 2007)

Já o *mindfulness* individual consiste em duas teorias, a perspectiva ocidental e a oriental. A perspectiva ocidental de *mindfulness* é derivada do trabalho da Dra. Ellen Langer, psicóloga social e professora do Departamento de Psicologia da Universidade de Harvard. Ela fez um trabalho pioneiro em *mindfulness* sem meditação, e é autora de 11 livros e mais de 200 artigos escritos para leigos e acadêmicos sobre *mindfulness*, durante 35 anos. Langer é chamada de mãe do *mindfulness*. (LANGER, 1989)

Para Langer (1989), *mindfulness* é expressa pela diferenciação e refinamento de categorias existentes e distinções, criação de novas categorias e maneiras alternativas de lidar com eventos. É uma abordagem de processamento de informação. Segundo ela, a maioria das pessoas não está presente no momento e não percebe que não está presente. O simples processo de notar coisas novas é chave para estar presente.

Já a perspectiva oriental de *mindfulness* tem sua fundação no pensamento Budista (HEDE, 2010). Essa abordagem trabalha em aumentar a atenção receptiva e sem julgamentos, a conscientização dos eventos presentes e as experiências internas e externas, segundo Brown e Ryan (2003).

O treino de *mindfulness* oriental foi difundido nos Estados Unidos pelo trabalho de Jon Kabat-Zinn (1982), no seu programa de Redução do Estresse com Base em Mindfulness (MBSR), lançado na Universidade de Massachusetts Medical School em 1979. O treino também foi introduzido como tratamento para dor crônica e se mostrou eficaz para transtornos de ansiedade, segundo Kabat-Zinn e colegas (1992).

Esse tratamento consiste em exercícios formais, de varredura corporal e respiração consciente. O participante aprende a focar intencionalmente sua atenção na vivência imediata e a aceitar a falta de atenção. Cada vez que uma preocupação, julgamento ou lembrança se impõem, ele a saúda, deixa que ela vá embora e volta novamente a dedicar atenção plena ao exercício. Depois concentra a atenção em ruídos externos.

Os exercícios informais consistem em fazer algo com atenção plena, sem julgamento e sem elaboração. Começa com práticas simples, como comer uma uva passa, mas prestando plena atenção a todos os seus aspectos, textura, cheiro e sabor. Posteriormente, *mindfulness* pode ser treinado pelo indivíduo enquanto ele faz outras atividades. Segundo Kabat-Zinn (2005), os exercícios são apenas pretextos.

Kabat-Zinn (1982) trouxe as práticas budistas para a medicina comportamental. A nova tendência na clínica ensinava que sensações e emoções negativas não deveriam ser combatidas, mas aceitas de um ponto de vista transcendental, valorizando-se as emoções positivas, atitude de vida de compaixão e um desprendimento dos conteúdos conceituais, segundo Hayes (1987) e Linehan (1993). Muitos estudos documentaram os benefícios do *mindfulness* em programas nas escolas, prisões, hospitais, centros para veteranos e outros e hoje a prática é largamente popularizada.

Mindfulness é definido por Kabat-Zinn (1982) como o autocontrole da atenção, com uma atitude de curiosidade, abertura e aceitação. Agregar *mindfulness* com intervenções de forças de caráter pode produzir resultados potencializadores. *Mindfulness* é um veículo que pode ajudar os *coachees* a usarem suas forças de caráter e a manterem-se conscientes do momento, dos pensamentos, sentimentos, sensações corporais e do ambiente.

Praticar *mindfulness* por algumas semanas traz benefícios físicos, mentais e emocionais. Melhora a aprendizagem, memória, regulação das emoções e empatia (DAVIDSON et al., 2003). A prática ajuda a pessoa a focar e ignorar distrações, melhorando a atenção (MOORE et al., 2012). Melhora os relacionamentos por promover mais aceitação e otimismo.

Inquérito Apreciativo

O Inquérito Apreciativo, também traduzido para o Português como Investigação Apreciativa, é um método de estudar e mudar sistemas sociais em grupos, organizações e comunidades que investiga sobre o que poderia ser o melhor, seguido de um desenho do futuro desejado.

Em 1980, foi iniciado o Projeto Cleveland Clinic. O nascimento do Inquérito Apreciativo aconteceu enquanto David Cooperrider era estudante do programa de doutorado em Comportamento Organizacional na Universidade Case Western, nos Estados Unidos.

Cooperrider, ao tentar fazer um diagnóstico organizacional usando o modelo tradicional de encontrar problemas e erros, ele se surpreendeu com o alto nível de cooperação positiva e inovação que viu. Então, em colaboração com seu orientador, Suresh Srivastva, ele passou a focar suas pesquisas exclusivamente nos fatores que contribuem para um funcionamento humano altamente eficiente na organização quando essa está em seu melhor. (COOPERRIDER & SRIVASTVA, 1987)

Sua teoria com base nas capacidades tornou-se uma abordagem de intervenções práticas que revolucionou a área do desenvolvimento organizacional e deu início aos estudos sobre organizações positivas. Cooperrider argumenta que as organizações não são "problemas para serem resolvidos", mas centros de capacidades humanas imprevisíveis, desconhecidas e vivas e é preciso estudar os sistemas humanos em seu melhor. (COOPERRIDER & SRIVASTVA, 1987)

O Inquérito Apreciativo (IA) é talvez o desenvolvimento de mudança organizacional positiva mais praticado e popular do mundo (COOPERRIDER & WHITNEY, 1999). O IA é a busca pelo melhor das pessoas, das organizações, e do mundo ao seu redor. Envolve a descoberta do que dá vida a um sistema quando esse é mais efetivo e capaz em termos econômicos e humanos.

O consultor organizacional que pratica o Inquérito Apreciativo tem por objetivo criar uma imagem vívida e detalhada do que já funciona bem, inspirando mudanças necessárias baseadas nas potencialidades e talentos das pessoas da empresa (COOPERRIDER, 2005). O IA e a Psicologia Positiva compartilham o foco nas experiências e funcionamento humanos positivos.

Cooperrider instrumentaliza os praticantes de seu modelo de IA com o ciclo 4-D:

1. **Descoberta** – inquérito sobre o melhor do presente ou do passado;
2. **Sonhos** – exploração das melhores possibilidades do indivíduo ou organização;
3. **Desenho** – desenhar propostas que descrevem o ideal do indivíduo ou organização;
4. **Destino** – uma série de ações inspiradas por passos prévios para apoiar inovação e aprendizado. (WHITNEY & TROSTEN-BLOOM, 2003)

David Cooperrider foi convidado a ser o facilitador do programa iniciado por Dalai Lama em um esforço para criar novos níveis de cooperação e paz entre os líderes das grandes religiões do mundo. Isso ressalta a essência da prática do IA de fazer a pergunta positiva incondicional, o que está certo com as pessoas ou com a organização?

No Coaching de Psicologia Positiva, o IA ajuda o *coachee* a ligar os pontos entre onde ele está e aonde quer chegar, pelo uso do ciclo 4D. A utilização da atenção plena, comunicação não-violenta, relacionamento e perguntas poderosas pelo *coach* e o uso da conscientização, forças e responsabilização pelo *coachee* ajudam na construção do ambiente propício para o ciclo 4D e alcance de metas de significado.

O Inquérito Apreciativo ajuda as empresas a passarem por mudanças com mais sucesso e atingir resultados positivos como aumento dos preços de estoque, melhores relações com o consumidor e entre os funcionários, melhor qualidade de produto e inovação de parcerias de gerenciamento. (COOPERRIDER & WHITNEY, 1999) Enfoques positivos ajudam as empresas a serem mais eficientes. É também muito utilizado no Coaching.

Considerações Finais

Como o leitor deve ter percebido, a Psicologia Positiva é, inquestionavelmente, aplicável ao contexto do Coaching e muito tem a favorecer tanto as pessoas em suas metas individuais como as empresas, através das metas e propostas de melhoria de performance de seus colaboradores.

Com sua credibilidade científica, a Psicologia Positiva sedimenta o campo de atuação de *coaches* de forma significativa, e gera nos *coachees* a possibilidade de alinhar, sempre e de forma plena, suas metas com o seu bem-estar e uma vida com mais sentido, realizações e engajamento.

Fora isso, os resultados de inúmeras pesquisas tornam a conduta do *coach* melhor alicerçada e mais confiante, mesmo no trato com clientes mais céticos ou irredutíveis quanto à eficácia de processos de Coaching.

E além disso, tanto o *coach* como seus clientes acabam por se beneficiar com a construção de seu relacionamento positivo, embasado em empatia, generosidade e gratidão, à medida que, com a Psicologia Positiva, vivenciamos um processo no qual ambos os atores saem ganhando benefícios para o seu florescimento humano.

POSITIVE UPGRADE COACHING

METODOLOGIA

Capítulo 3

Andréa Perez

Não tenho como começar a falar do meu modelo de Coaching com aplicação da Psicologia Positiva sem lembrar da minha infância.

Quando pequena, e olha que bem pequena mesmo, eu simplesmente não compreendia a razão da existência humana. Veja que criança, no mínimo, estranha por ficar pensando nessas coisas, no lugar de brincar! Pois é, mas era o que me afligia de forma bastante intensa. Na minha mente lúdica infantil, eu não conseguia entender *"por que havia a Terra, uma bola solta no espaço, com um monte de gente em cima (e olha que eu visualizava a cena mentalmente) que nasce e morre, num Universo desconhecido..."* e também sem nenhum sentido que me convencesse à época.

De fato, e verdadeiramente, esses pensamentos me deixavam com um incômodo bastante desagradável e, com o passar do tempo, indagando-me sobre o motivo disso tudo, acabei chegando a uma conclusão: a razão de existirmos era a felicidade. Quando concluí isso, tudo passou a ter razão. O viver foi definitivamente justificado como uma jornada de felicidade, e, daí em diante, todo o turbilhão de pensamentos desagradáveis se diluiu, e segui na vida sempre buscando ser feliz em tudo e com todos.

Tornei-me uma jovem, alcancei a maturidade e essa sempre foi uma de minhas características mais fortes: identificar uma possibilidade de ser feliz a cada instante.

Só que, ao longo de minha vida, outra característica sempre

também me representou profundamente: quando aprecio algo e vejo o bem-estar que me gera, quero ofertar isso a outras pessoas, para que, assim como eu, usufruam de coisas boas e positivas. E o que isso tem a ver sobre o que estou dizendo? Tem a ver, pois comecei a observar - tornando meu cotidiano um verdadeiro laboratório – que muitas pessoas, e muitas mesmo, não se dão conta da sua potencialidade para serem felizes. Não conseguem perceber as oportunidades que a vida oferece para que a sua felicidade seja promovida, e o pior, consideram que a felicidade não é para elas, coadunando com um dos mitos apontados por Sonja Lyubomirsky (2008), sobre "não ter direito à felicidade".

E você acha que, nessa época, eu já conhecia o Coaching e a Psicologia Positiva? Claro que não! E isso me deixava bastante desprovida de "como fazer", de como ajudar as pessoas a terem a mesma descoberta que eu.

Na minha cabeça e impulsionada por um desejo imenso de ajudar as outras pessoas a entenderem que a felicidade só dependeria delas, eu queria identificar uma forma de fazer com que isso fosse factível. Pensei em todas as possibilidades de fazer isso e nada me parecia devidamente embasado, para gerar convencimento nas pessoas. Queria algo que não precisasse recorrer a crenças pessoais, até porque cada um tem as suas; queria algo que fosse de alguma forma inquestionável – apesar de nada na vida ser – mas que, pelo menos, chegasse perto disso.

E nessa peregrinação, em 2011, começo a prospectar a minha aposentadoria e a me preparar para a sua chegada, a qual aconteceria apenas oito anos mais tarde. Como chegaria ao momento da aposentadoria ainda muito nova e considerando minhas características humanas de realização e amor pelo aprendizado e pelo trabalho, comecei a pesquisar formações que seriam interessantes a uma nova atividade, fora do contexto organizacional depois de uma carreira formal de 32 anos.

Nessa busca, descobri o Coaching e a Psicologia Positiva de

forma praticamente simultânea, e, de lá para cá, tudo que reservei de investimento de tempo, dedicação e desenvolvimento caminhou ao lado desses temas.

O Coaching com sua proposta absolutamente prática, produtiva e de realização me fez perceber o quanto seria útil na instrumentalização das pessoas sobre tomar as rédeas da própria vida em prol de sua felicidade. Já a Psicologia Positiva, com seu manancial de comprovações científicas, alicerçava todas as justificativas essenciais ao convencimento dos mais céticos sobre a abordagem dos temas da felicidade humana, afastando-se de propostas estruturadas somente em "achismos", que nutrem as críticas mais exacerbadas.

Com isso, vislumbrando a minha proposta de fazer com que as pessoas entendessem o que aquela garotinha compreendeu sobre a felicidade ainda na infância, construí uma carreira com a Psicologia Positiva Aplicada ao Coaching e é sobre essa minha construção que tratará este capítulo, ao final do qual desejo que você compreenda o quanto pode ser feliz por sua própria conta ao passar por um processo de Coaching com a Psicologia Positiva.

Bases do Framework do Positive Upgrade Coaching

O que o Coaching tem de correlação com temas da Psicologia Positiva

Antes de pensar em construir meu próprio modelo de Coaching com aplicação da Psicologia Positiva, alicerçada sempre na essencialidade de aprofundamento de conhecimento, dediquei-me a uma pós-graduação de Psicologia Positiva: Uma Integração com o Coaching, para começar a entender melhor e mais profundamente esses dois campos. Simultaneamente, dediquei-me ainda a quatro formações de Coaching que coadunavam com o nicho que havia escolhido: bem-estar.

Ao longo de todas essas formações, dediquei-me a uma

investigação significativa sobre o uso da Psicologia Positiva no Coaching por autores e estudiosos que já estavam atuando nesse segmento, e ainda por pesquisadores da Psicologia Positiva que destacavam a importância da felicidade em nossas vidas, como a maior e mais significativa das metas humanas. Até porque se você acha que, em algum momento, esqueci daquela garotinha, está muito enganado!

Como tenho critério como uma força de assinatura que sempre está entre as Forças Top 5, de acordo com meus resultados ao VIA Survey entre as 24 forças de caráter do inventário de Peterson e Seligman (2004), nutro-me pelo respaldo teórico e científico que a Psicologia Positiva proporciona, para a construção de todos os frameworks que produzo em meus trabalhos ou que sugiro a meus mentorados. E, aqui, no framework do Positive Upgrade Coaching, isso não foi diferente. Concepções aleatórias de abordagens sem alinhamentos protocolares consistentes e sem objetivação precisa, definitivamente, não me representam.

Por isso, primeiramente, reservo esta parte para introduzir o leitor ao que amparou a concepção de meu modelo, a fim de que sua construção se ancorasse em aspectos indispensáveis a projetos com Psicologia Positiva.

Vamos lá?

Como Coaching e Psicologia Positiva se favorecem

É indubitável o destaque significativo dado por diversos autores da Psicologia Positiva sobre a adequação e a funcionalidade do processo de Coaching em relação à Psicologia Positiva e vice-versa.

De acordo com Carol Kauffman (2006), renomada estudiosa do Coaching com Psicologia Positiva, fundadora e diretora executiva do Institute of Coaching McLean, Affiliate of Harvard Medical School, cada grupo de estudos da Psicologia Positiva, como emoções positivas, *flow*, terapia da esperança e classificação de forças, oferece ricos recursos de conhecimento que podem ser extraídos para as intervenções do Coaching. (KAUFFMAN, 2006)

Essa mesma interação entre o Coaching e a Psicologia Positiva pode ser identificada em Diener (2011) quando diz que o campo da Psicologia Positiva está florescendo com aplicações e intervenções e, no futuro, vai continuar crescendo, como exemplo, o Coaching (executivo e de vida) e irá além do senso comum e do bom senso e terá como base a pesquisa científica. (DIENER, 2011)

Com essas afirmações, foi possível começar a verificar que o processo de Coaching favorece a Psicologia Positiva e essa, ao mesmo tempo, o favorece, permitindo ser usado como um processo que promove e contribui para que os clientes possam atingir objetivos, que os beneficiem e aprimorem e, acima de tudo, consequentemente, gerem felicidade.

Só que mais coisas me chamavam atenção de forma significativa entre o Coaching e a Psicologia Positiva. Talvez a mais curiosa tenha sido uma que as pessoas não parem muito para pensar, mas que verifiquei que muitos autores refletiam a respeito: a contribuição do Coaching com Psicologia Positiva para estreitar a distância entre o público em geral e a Psicologia. Devido ao histórico de a Psicologia, após a Segunda Guerra, ter se concentrado nos seus estudos e trabalhos na cura e no saneamento de doenças e distúrbios psicológicos, muitas pessoas, em especial a maioria sã, ou que pelo menos que se autodiagnostica como tal, repele os tratamentos e terapias psicológicas em função de os considerarem "coisas para maluco".

Autores como Biswas-Diener e Dean (2007), que consideram que Coaching e Psicologia Positiva se encaixam harmoniosamente, afirmam que essa é muito boa para ficar escondida do público. (BISWAS-DIENER & DEAN, 2007) E, neste sentido, consideramos que o Coaching pode contribuir eficazmente.

O Coaching, como um processo, em cujas bases essenciais não é considerado como aplicável a pessoas psicologicamente disfuncionais, abarca o público saudável que busca, em sua maioria, tornar suas vidas, seja pessoal ou profissional, mais produtivas, significativas e felizes; aquele público que consiste de pessoas que buscam a melhoria em diversos segmentos de suas vidas; pessoas que estão buscando um *plus* no seu viver.

E, com a proposta de facilitar as pessoas no atingimento de suas metas, o Coaching, totalmente desprovido em essência de qualquer conotação do trato de doenças mentais da Psicologia, envolve e conquista esse público saudável, antes disperso e fora do contexto do que se abordava até então. Logicamente estamos nos deparando com muitas condutas discrepantes de *coaches* querendo atuar ilegalmente como psicólogos, intencionando atender a pessoas adoecidas mental e emocionalmente. Mas, em sua concepção, o Coaching não tem essa proposta de forma alguma; o erro está nas pessoas mal-intencionadas em sua postura antiética e não no Coaching.

Autores como Linley e Joseph (2004) destacam que, ao falar com as pessoas sobre as práticas da Psicologia Positiva, percebe-se que essa dá voz ao que elas sempre fizeram, mas quase nunca entenderam, reconheceram ou nomearam. (LINLEY & JOSEPH, 2004) E o Coaching, em sua conduta, cujo princípio de confiança na relação *coach/coachee* é de extrema relevância, permite o alicerçamento desse reconhecimento sobre o que cada um tem e pode fazer de melhor, para tornar as suas vidas mais significativas.

Definitivamente, no trato do Coaching, abordar os temas da Psicologia Positiva com inúmeras pessoas sempre possibilitou esse estreitamento com temáticas do desenvolvimento humano, fora do contexto clínico, ao mesmo tempo em que têm suas bases na Psicologia sempre restrita a psicólogos. Nesses momentos, conversar sobre todas as temáticas da Psicologia Positiva com clientes de Coaching, possibilitou que percebessem a ciência da Psicologia de outra forma, que não apenas sobre o trato da doença mental e emocional.

Outro ponto que veio sanear dúvidas pessoais e profissionais sobre o Coaching surgidas desde minha primeira formação foi a condição de a Psicologia Positiva, com sua cientificidade, dar maior credibilidade a meus atendimentos. Eu sentia, definitivamente, uma necessidade latente de algo com maior densidade em termos de geração de resultados efetivos, e não de "achismos" ou "convencimentos evasivos" sobre aplicações de ferramentas, construídas sem testagem que comprovassem seus resultados; sem verificações empíricas, sem efetividade. Ao sair de meu primeiro curso de Coaching, não fui a única pessoa preocupada em buscar aprofundamento e bases sólidas e validadas sobre o Coaching. Ainda bem! Mesmo que poucas, sei de pessoas preocupadas em realizar trabalhos sérios e bem alicerçados, que vão na mão inversa das irresponsabilidades, com as quais nos deparamos no mercado atual, no qual a sede por ganhos faz sucumbir o compromisso com o desejo e o sonho de clientes que buscam o Coaching.

Não precisei ir muito longe em minha investigação na Psicologia Positiva para encontrar essa mesma preoupação. Stober e Grant (2006) acreditam que vincular a prática do Coaching com bases existentes e aplicáveis do conhecimento da ciência é um passo de suma importância no reforço da sua credibilidade, mudando o foco, principalmente de técnicas e habilidades, para um entendimento mais amplo e profundo de conhecimento relevante na formação de *coaches*.

A Psicologia Positiva é uma das ciências evidenciadas que podem contribuir para esse necessário firmamento de credibilidade do Coaching. No artigo intitulado *Positive Psychology: The Science at the Heart of Coaching*, Kauffman (2006) aponta que a Psicologia Positiva fornece uma robusta base teórica e empírica para a habilidosa prática do Coaching executivo e de vida. (KAUFFMAN, 2006)

Da mesma forma que Kauffman (2006), abordando o Coaching e a Psicologia Positiva, Seligman (2011) destacou que havia mais de 50 mil profissionais ganhando a vida como *coaches* e ele considerava que a Psicologia Positiva tem um efeito sobre eles. Um destaque importante apontado por ele é que, no mestrado de Psicologia Positiva da Universidade da Pensilvânia, em torno de 20% dos alunos são *coaches* e um dos objetivos do curso é adestrar e transformar o Coaching. (SELIGMAN, 2011) E, em suas concepções, Seligman (2011) é claro nisso, quando afirma que **o Coaching é uma prática em busca**

de dois suportes, um científico, fundamentado em evidências, e outro teórico. E a Psicologia Positiva pode oferecer os dois.

Interessante verificar, em *coaches* renomados como Kauffman, que suas percepções são exatamente iguais às nossas, *coaches* que desejam fazer um bom trabalho. Kauffman (2006) destaca também o desafio que os *coaches* enfrentam no que se refere a descrever como e por que o Coaching é eficaz. Esses profissionais são arduamente pressionados em ter acesso ou encontrar explicações teóricas, empíricas e científicas que embasem suas afirmações sobre a eficácia do Coaching. O corpo de pesquisa em Psicologia Positiva, entretanto, indica que a orientação de Coaching é uma perspectiva válida e eficaz. (KAUFFMAN, 2006)

Do modo como o Coaching está hoje, o campo de sua prática é ilimitado, bem como o é o conjunto de técnicas que são usadas. (SELIGMAN, 2011) E como já vimos no Capítulo II, este campo ilimitado é que diversifica de tal forma o uso do Coaching, permeando inúmeros nichos, o que vem a dar a conotação de que serve para tudo, e, por isso, acaba caindo no descrédito de suas práticas, tornando-se, na opinião de alguns, um processo que não leva a nada de verdade.

Além disso, considerando essa diversidade ilimitada de técnicas e práticas que utiliza, muitas são as pessoas que se dizem *coaches* sem efetivamente sê-lo. Segundo Seligman (2011), o direito de se autointitular *coach* não é regulamentado, e é por isso **que os suportes científicos e teóricos são uma necessidade urgente.** Bingo!

Para minha felicidade e com certeza a de muitos, merece destaque o grau de atenção e interesse com que Seligman (2011), como fundador da Psicologia Positiva, aborda a prática do Coaching, a ponto de, como podemos perceber, indicar possibilidades de credibilizar seu processo por meio do que a Psicologia Positiva traz de importante e significativo. Isso pode ser explicado pelo fato de que Seligman sempre viu, desde muito cedo, que a Psicologia Positiva era boa demais para ficar relegada a teorias acadêmicas arcanas. Como psicólogo clínico, Seligman era ansioso para achar meios para que as pessoas pudessem usar a Psicologia Positiva e ele debruçou-se sobre o Coaching como uma aplicação natural. (BISWAS-DIENER, & DEAN, 2007) Bingo de novo!

Não apenas no que tange ao Coaching, mas a tantos outros campos de aplicação, sempre dei destaque totalmente absoluto à cientificidade da Psicologia Positiva, como o maior aliado para a sua aplicação multidisciplinar. São inúmeras as afirmações feitas por estudiosos, pesquisadores e profissionais credibilizando a característica científica das intervenções e instrumentos utilizados pela Psicologia Positiva, o que dá a esse estudo um reconhecimento imenso por diversas áreas do conhecimento.

Nesse sentido, Peterson (2013), cuja definição de Psicologia Positiva já foi apontada neste trabalho, enfatiza a parte científica de sua definição para salientar que essa precisa ser conhecida pelo que as evidências realmente mostram. (PETERSON, 2013)

Já Kauffman (2006) destaca que a missão da Psicologia Positiva é desenvolver sólidas teorias de funcionamento ideal e de encontrar modos empiricamente embasados para melhorar a vida ordinária e extraordinária das pessoas. (KAUFFMAN, 2006)

Com a mesma conotação, Biswas-Diener e Dean (2007) descrevem a Psicologia Positiva como uma ciência sólida com avaliações comprovadas empiricamente, intervenções validadas e novas empolgantes teorias que podem revolucionar a sua prática, destacando que é um ramo da ciência que vem mostrar tremendo potencial com uma interface natural com a profissão do Coaching. (BISWAS-DIENER & DEAN, 2007)

Diante disso e pela necessidade premente quanto à comprovação da eficácia e credibilização de seu processo, o Coaching pode e deve não apenas reconhecer essa importância mas também, de forma colaborativa, beneficiar-se significativamente, deixando no passado, como um dos meios de seu reconhecimento, o carisma de "gurus" que cativam seus clientes com seu perfil envolvente. Nesse sentido, Kauffman (2006) é enfática ao afirmar a crença de que a teoria e as pesquisas da Psicologia Positiva irão fornecer os alicerces sobre os quais o campo do Coaching irá se sustentar. (KAUFFMAN, 2006) E Biswas-Diener & Dean (2007) destacam que a Psicologia Positiva é particularmente adequada ao Coaching, acrescentando que o campo da Psicologia, a qual chama de "prima profissional" do Coaching, é um recurso maravilhoso para avaliações sofisticadas, intervenções inteligentes e pesquisas validadas, que pode e irá promover o trabalho do Coaching, levando a um melhor serviço e provará que este funciona. (BISWAS-DIENER & DEAN, 2007) Bingo três vezes!

Dessa forma, nesta fase em que o Coaching se encontra, na qual a disseminação da prática vem atingindo amplamente a vida das pessoas e os contextos organizacionais, há muita cobrança em termos da legitimidade de seu processo, enfatizada, ainda, por uma gama de pessoas despreparadas para prática nesse segmento. E nesse sentido, sustentar a prática em instrumentos de comprovação científica da Psicologia Positiva e não em alicerces de suposições não comprovadas é um avanço extremamente significativo e favorecedor de seu aprimoramento e sucesso.

Com todas essas investigações nos estudos de grandes autores e devidamente tiradas todas as conclusões, alicercei todo meu framework com respaldo na cientificidade de inúmeros temas da Psicologia Positiva, tendo-a como aliada da credibilidade que um processo de Coaching com base na Psicologia Positiva pode gerar.

Diante de todas essas considerações, cheguei, logo no início de minhas percepções, a algo que seria essencial: **os dois campos são reciprocamente contributivos.**

Coaching e Psicologia Positiva são Reciprocamente Contributivos (CORRÊA, 2013)

Ação e meta no Coaching e na Psicologia Positiva

Outro ponto que, logo, percebi de consistência entre uma combinação favorável entre o Coaching e a Psicologia Positiva **foi a essencialidade da ação, tanto aos objetivos que os clientes trazem ao processo de Coaching, como ao atingimento de níveis mais altos de felicidade.**

Nas explanações de diversos autores e instituições de Coaching, verifica-se que o atingimento de resultados nos processos de Coaching perpassa, necessariamente, por ações essenciais que devem ser tomadas pelos coachees.

A exemplo, cito a Sociedade Brasileira de Coaching (2011), que aponta que o sucesso dos clientes está relacionado às ações que eles empreendem para mudar a sua vida e atingir seus objetivos. Afirma que, **sem ação, não há mudança, não há progresso e sem progresso não há resultado**. (SOCIEDADE BRASILEIRA DE COACHING, 2011)

Outra instituição com a mesma aposta é a International Coach Academy (2013), que afirma que **o aspecto mais importante do Coaching é a ação,** o qual deve ser procurado nos clientes, já que o processo demanda a necessidade de sempre nos movermos para frente em direção às metas. (INTERNATIONAL COACHING ACADEMY, 2013)

Esse aspecto de ação é verificado numa proposta presente em todos os processos de Coaching que é o *"to do"* (do verbo *fazer* do Inglês) ou "dever" ou "tarefa de casa" como alguns chamam, quando entre sessões o cliente terá que implementar determinadas ações com vistas ao atingimento de seu objetivo.

Nos diversos tipos de Coaching, no âmbito pessoal ou das organizações, tanto no individual como em grupo, seja pela mudança do comportamento, pela reformulação do pensar, pela adaptação do discurso, ou pelo uso de forças ou habilidades, **a ação é soberana para o sucesso da intenção que origina cada processo.**

Outro aspecto essencial nos processos de Coaching diz respeito a **metas.** O atingimento de metas é definitivamente o ponto crucial do Coaching que, por tratar-se de um processo, com início, meio e fim, promove e considera como uma condição essencial por parte do *coachee* que este defina, planeje e execute as suas metas, para que o processo seja dado como de sucesso e concluído.

O **processo de Coaching** só existe pelo fato de existir uma meta a ser atingida e toda a sua metodologia busca produzir efeitos neste sentido por meio da efetivação das ações.

Sempre caberá a um *coach*, como sempre coube a mim como profissional, alinhar o *coachee*, em todos os momentos do processo, ao seu objetivo, que sempre é tomado como a maior justificativa de se buscar esse tipo de campo. Apesar dos redirecionamentos e, às vezes, mudanças completas de metas, os processos de Coaching inexistem sem elas.

> **Ação e meta são essenciais a Processos de Coaching (CORRÊA, 2013)**

E a Psicologia Positiva, o que tem a dizer sobre ação e meta?

Tem muita coisa a dizer em muitos temas que consideram esse aspecto como indispensável a experiências que geram felicidade e melhores resultados.

Um exemplo é a experiência de fluxo ou *flow*. Nesse campo, enfatizando a necessidade de ação, quase que prescrita nas abordagens do que leva à potencialização da felicidade e da vida com significado, em relação à experiência do *flow*, destacamos Csikszentmihalyi (1990) quando diz que essa ótima experiência é algo que **fazemos acontecer.** (CSIKSZENTMIHALYI, 1990) De acordo com o autor (1997), o primeiro passo para aumentar a qualidade de vida é **prestar atenção no que fazemos** todos os dias e perceber como nos sentimos em diferentes atividades, lugares, horários do dia e com diversas companhias.

Essas considerações de Csikszentmihalyi me levaram a refletir sobre a dinâmica da vida e nas constantes mudanças que a cercam. É preciso estar atento, para que as pessoas possam escolher o que desejam por elas próprias; precisamos ter consciência sobre quais ações tomamos, para não caírem na armadilha do automático. É evidente que isso é absolutamente essencial a *coachees* em seus processos. E, para promover mais felicidade, **é preciso** ter consciência de que isso é cabível a nossa escolha, a nosso agir intencional. E é claro que, até aqui, **já tinha percebido a importância disso no contexto do** Coaching, mas não parei por aí na busca de autores que abordassem esse tema.

Reiterando a necessidade da ação para o bem-estar, eis que encontro o trabalho de Peterson (2006), que diz que essa não é uma questão de sorte ou de força; ao invés disso, trata-se de um **trabalho árduo que pode ocasionar cuidados, deliberação e incômodas ações.** Peterson (2013) afirma, ainda, que **há coisas que as pessoas podem fazer** para conduzir melhor as suas vidas. A **boa vida é trabalho pesado** e não há atalhos para sustentar a felicidade (PETERSON, 2013). Como se verifica, para atingimento de níveis maiores de bem-estar, a ação se faz presente e, com isso, cada vez mais eu me convencia de que estava no caminho certo do que deveria alicerçar minhas condutas como *coach*.

Mas não parou por aí. No que se refere à ação na conduta de um projeto de felicidade é imprescindível destacar os estudos de Sonja Lyubomirsky (2008), que traz a público, de forma unificadora e sintética, muito do que os cientistas à época de sua publicação sabiam sobre o que torna as pessoas felizes. (LYUBOMIRSKY, 2008) Nas pesquisas que indica, Lyubomirsky (2008) traz a indicação de que as pessoas mais felizes agem intencionalmente em direção ao que desejam sobre a sua felicidade humana, podendo mudar a sua forma de pensar e agir para esse fim.

Refletindo sobre o processo de Coaching, é lógico que foi fácil assimilar o seu favorecimento para a identificação de novos possíveis padrões de pensamentos e ações, com vistas ao firmamento de novos hábitos mais produtivos e favoráveis ao atingimento das metas. Tudo isso demonstra a pertinência do processo de Coaching com as medidas essenciais para o sucesso das ações intencionais que a autora define como eficazes para a melhoria da felicidade.

Além disso, identifiquei também declarações de Lyubomirsky (2008) ratificando as considerações de Peterson (2013), que afirma que tornar-se feliz de maneira duradoura requer algumas mudanças permanentes que exigem esforço e compromisso todos os dias de sua vida. Segundo a autora declara, "buscar a felicidade dá trabalho", mas destaca que pode ser o trabalho mais gratificante que pode ser feito. Acrescenta, ainda, que, se observarmos as pessoas felizes, elas não estão simplesmente contentes por aí – **elas agem**." (LYUBOMIRSKY, 2008)

E aí comecei a perceber uma verdadeira transição nos estudos sobre as concepções de felicidade, nos últimos tempos, na voz de vários autores, para as quais o Coaching poderia ser favorecedor. Um que merece destaque e que em muito me favoreceu a chegar a essa nítida compreensão foi Peterson (2013), que faz uma consideração muito interessante que, podemos dizer, reitera a pertinência do uso do Coaching como método para busca da felicidade, nos dias atuais, tratando-se de uma metodologia nova e cujo aspecto da ação é essencial. Ele afirma que a felicidade era vista como algo que acontecia simplesmente às pessoas; só que as coisas mudaram: a felicidade, ou, no mínimo, a busca por ela, virou um direito humano, destacando que o advento das intervenções da Psicologia Positiva tem apoiado o bem-estar e muitos podem, agora, fazer mais que apenas **buscar a felicidade. Eles podem realmente alcançá-la.** (PETERSON, 2013)

Como já havia percebido, salientando **o aspecto da definição de metas *sine qua non* também ao processo de Coaching**, identifico essa mesma conduta no relato de alguns autores da área da

Psicologia Positiva, no que se refere a uma proposta, a um programa ou a uma estratégia de potencialização do bem-estar e de vida com significado.

Mais uma vez buscando Csikszentmihalyi (1990), ele aponta que **uma experiência é significativa quando está relacionada positivamente com as metas de uma pessoa**. Vida tem significado quando temos um propósito que justifique nossos esforços e quando a experiência é requerida. (CSIKSZENTMIHALYI, 1990)

Nessa mesma sintonia, identifiquei algo próximo, no trabalho de Lyubomirsky (2008), que indica que "**Esforçar-se para ser feliz é uma meta séria, digna e legítima** (LYBOMIRSKY, 2008) e que "...podemos aumentar ou diminuir nossos níveis de felicidade mediante o que *fazemos* em nossas vidas diárias e como pensamos". (LYUBOMIRSKY, 2008) Ainda ressaltando a conotação sobre metas no trabalho da autora, destaco o que ela afirma: em cada nova estratégia de incremento de felicidade que surge, percebe-se que nela existe algo em comum: cada uma define para as pessoas um **objetivo específico**, algo a fazer e esperar. **Ter metas por si e em si mesmas está fortemente associado à felicidade** e, se buscarmos a sua fonte, verificamos que está associada a como as pessoas se comportam, no que pensam, nas metas que estabelecem a cada dia de sua vida. (LYUBOMIRSKY, 2008)

Aprofundando um pouco mais a abordagem da ação, acopladas a metas no processo de Coaching destaco **a esperança e a autoeficácia**, temas de grande elevância na Psicologia Positiva.

No campo da Psicologia Positiva, na voz de Snyder (SNYDER & LOPEZ, 2009), a **esperança** não se restringe apenas a sonhar, desejar ou ter anseios. A esperança, que Snyder (SNYDER & LOPEZ, 2009) define como o pensamento voltado a objetivos, no qual a pessoa tem a capacidade percebida de encontrar caminhos para chegar a metas desejadas e as motivações necessárias para usar esses caminhos, caracteriza o pensar que conduz a ações dotadas de sentido.

Verificamos mais um tema da Psicologia Positiva, a **esperança**, no contexto da ação, voltada ao bem-estar, para o qual o Coaching pode contribuir significativamente, à medida que a sua dinâmica permite intensificar as ações em seus clientes. O processo do Coaching retira o *coachee* do campo da elucubração desmedida e o joga no campo do atingível, do que pode ser concretizado a partir da execução de ações direcionadas e de estratégias de rumos e caminhos que podem ser seguidos em prol do atingimento de metas.

Ainda na abordagem das ações, outro tema abordado pela Psicologia Positiva ao qual o Coaching também pode trazer benefícios com o seu processo é o da **autoeficácia**. Segundo Albert Bandura (1997), a autoeficácia trata-se das crenças das pessoas em suas capacidades de produzir efeitos desejados por meio de suas próprias ações. (BANDURA,1997) A geração da crença de autoeficácia é muito favorecida pela ação do indivíduo que busca a sua promoção. Nesse sentido, o processo do Coaching, mais especificamente quando da análise e planejamento estratégico das metas, é favorável à criação de eventos e ações que venham a desenvolver autoeficácia, a qual, quando forte e sedimentada, favorece o Coaching retroalimentando-se sistemática e mutuamente de forma favorável.

Outra temática, já mais recente, que se coaduna de forma perfeita com a ação e a meta inerentes ao Coaching, apresenta-se em estudos de Angela Duckworth: o construto **garra**. Para a autora (2016), garra é perseverança e paixão para objetivos de longo prazo, destacando que não se trata nem de talento nem de sorte ou o quanto você deseja algo em um determinado momento de sua vida.

Em sua concepção, a garra apresenta-se quando você tem um objetivo de tamanha importância em sua vida que fará com que você se organize e dará total sentido a tudo que você faz. É a garra que fará com que a pessoa se mantenha persistente e com paixão no atingimento dessa meta, não deixando que desista diante de qualquer circunstância. Em suas conclusões, Duckworth (2016) enfatiza a essencialidade do esforço com vista à obtenção de resultados de êxito, pois talento sem esforço não passará de um potencial não concretizado. Fora isso, segundo a autora, garra requer que você valorize seu objetivo ao ponto de não querer deixar de persegui-lo, ao ponto de desejar permanecer em seu percurso, sendo leal ao que faz e permanecer apaixonado por aquilo.

Em sua proposta, Duckworth (2016) aponta que o ideal para nos concentrarmos e termos garra é tentarmos nos concentrar nas metas mais importantes e deixar de lado as que esvaziam a nossa atenção e foco. Isso é extremamente enriquecedor ao processo de Coaching, quando nos deparamos com *coachees* que chegam com uma imensa inconsistência sobre o que desejam, sobre o que realmente importa e sobre o que objetivam a longo prazo em áreas de suas vidas.

Quando inseri o tema da garra no *setting* do Coaching, como um alicerçe fundamental ao processo, concentrei-me, acima de tudo, em sua identificação/existência quanto às metas traçadas, e percebi como se traduzisse o âmago do que deveria nutrir nos *coachees*, para que, talvez, até por sua conta, pudessem atingir seu êxito em metas de longo prazo fora já dos processos de Coaching. Sempre tive esse sentimento no trabalho de Coaching: liberar o potencial dos *coachees* para que sigam suas trajetórias por sua conta. Definitivamente, tanto a ação como a meta, as quais considero concebidas intrinsicamente na concepção da garra, podem ser favorecidas, em especial, em metas de longo prazo relacionadas a objetivos valorosos dos *coachees*.

Claro que eu poderia analisar outros temas que poderiam favorecer os aspectos de ação e meta nos processos de Coaching, mas, aqui, quero apresentar ao leitor aqueles de que lancei mão mais fortemente na concepção de meu *framework*; e ainda não terminamos.

A ação e meta são inerentes a temas da Psicologia Positiva como: *flow*, bem-estar, ações intencionais, esperança, autoeficácia e garra, os quais podem favorecer processos de Coaching.

Aplicação de Práticas/Intervenções, Assessments e Escalas da Psicologia Positiva no Coaching

Devido a alguns aspectos da metodologia e do procedimento protocolar do Coaching, é pertinente a sua **contribuição para o uso produtivo das práticas/intervenções, utilização de *assessments* e aplicação de escalas** da Psicologia Positiva.

Para que intervenções tenham uma eficácia positiva, **é indispensável haver a identificação e a adaptação a cada cliente ou** *coachee*, de forma que as estratégias estejam "customizadas" ao perfil, aos valores e aos propósitos de cada um.

E à medida que o Coaching faz um delineamento do perfil do cliente desde o início do processo, com vistas à identificação de suas forças, virtudes, oportunidades, habilidades, talentos e recursos, para o atingimento de suas metas, **é possível durante todo o trabalho efetuar a adequação das** práticas/intervenções da Psicologia Positiva e aplicá-las de forma significativamente produtiva.

Com relação aos *assessments* sobre talentos e pontos fortes (BUCKINGHAM & CLIFTON, 2008) e forças de caráter e virtudes (PETERSON & SELIGMAN, 2004), destacamos que a forma de condução do Coaching é muito adequada para utilizá-los, de forma favorável e substancial, para levantamentos de informações e dados sobre o perfil do cliente.

As reflexões, a autopercepção e o autoconhecimento proporcionados pelo processo de Coaching podem funcionar como facilitadores e catalizadores para o entendimento, a internalização e a aplicação das informações originadas pelos inventários e relatórios dos *assessments*.

Assim como os *assessments* de qualidades humanas positivas, as escalas de diversos construtos são de grande importância ao delineamento de perfil dos *coachees*, retratando aspectos que podem favorecer ou prejudicar o processo de Coaching, caso não sejam utilizados de forma favorecedora. Os resultados dessas escalas descortinam aspectos por vezes desconhecidos pelos clientes, e sendo bem trabalhados no processo de Coaching podem vir a favorecer não apenas os resultados das metas definidas, mas a vida do cliente como um todo e a longo prazo.

> As práticas/intervenções, os *assessments* e as escalas da Psicologia Positiva favorecem e são favorecidas pela aplicação do Coaching (CORRÊA, 2013)

Definição do Positive Upgrade Coaching

A concepção do nome de minha abordagem de Coaching com Psicologia Positiva logicamente que não se deu de uma forma aleatória. Minhas escolhas recaíram em termos léxicos que pudessem retratar o que semanticamente era mais relevante no *framework*, como a seguir:

- **Positive** – relacionado à Psicologia Positiva e à aplicação de seus temas no processo de Coaching.
- **Upgrade** – tomando emprestado da área da tecnologia, na qual o termo refere-se à atualização ou à melhoria, indica o que busco como resultado ao final dos processos de Coaching, em termos da potencialização das qualidades humanas positivas, da melhoria da felicidade e do atingimento de metas valorosas e com significado dos *coachees*.
- **Coaching** – o próprio termo se define.

Logicamente que a concepção do nome alicerça-se no que considero como uma definição de Coaching com uso da Psicologia Positiva, em termos de seu objetivo e método principalmente. Até chegar a essa conceituação, atentei aos aspectos principais que norteiam a maioria dos estudos sobre o Coaching de Psicologia

Positiva, selecionando aqueles que mais teriam identificação com o meu perfil profissional, e, acima de tudo, com minhas qualidades humanas positivas, com as quais conduzo os processos.

Dessa forma, segue minha conceituação:

> ***Positive Upgrade Coaching é um método alicerçado na cientificidade de temas da Psicologia Positiva que visa, de forma customizada a cada perfil humano, ao atingimento de metas valorosas, nutridas de sentido e realização, com o favorecimento da potencialização de qualidades humanas positivas e do bem-estar dos clientes, com uso de intervenções, práticas e assessments.***

Diante dessa definição, destacam-se os aspectos centrais a serem considerados no Positive Upgrade Coaching – PUC

Aspectos Centrais do PUC

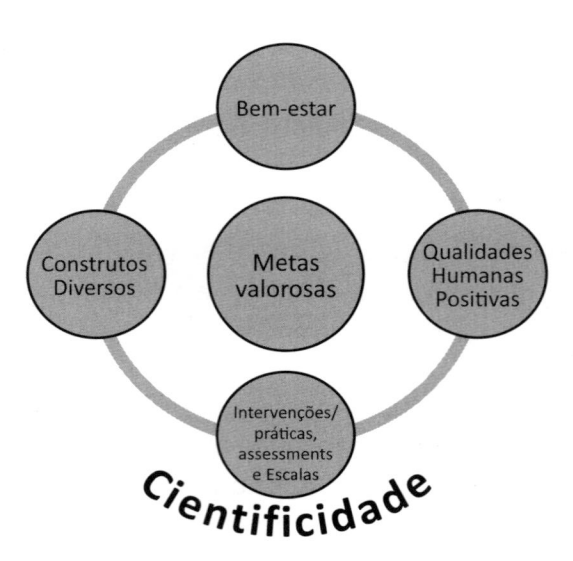

- Bem-estar
- Construtos Diversos
- Metas valorosas
- Qualidades Humanas Positivas
- Intervenções/práticas, assessments e Escalas

Cientificidade

Postura Profissional no PUC

Tenho abordado muito com o público de profissionais de Psicologia Positiva a importância da congruência que deve existir entre o que você discursa e vende a seus clientes e o que você é na sua vida no que tange ao que aplica no seu cotidiano de temas da ciência da felicidade humana e das qualidades humanas positivas.

No Coaching com uso da Psicologia Positiva, caímos na mesma situação. Como deve atuar e viver um profissional que pretende atuar com o Coaching nessa "escola"?

Observei, ao longo dos meus atendimentos, algumas **armadilhas** pelas quais passei como *coach* e nas quais precisei refletir a respeito para poder me considerar uma *coach* que aplica a Psicologia Positiva de verdade, não só com relação ao cliente, como a mim mesma. Quando somos treinados em muitas instituições de Coaching que não aquelas que usam o modelo da Psicologia Positiva, carregamos conosco um viés de extrema concentração no atingimento de metas a qualquer custo, e isso pode nos conduzir a posturas em nossa atuação que vão na mão oposta da Psicologia Positiva.

Vou elencar a vocês algumas das armadilhas mais perigosas que percebi ao longo do tempo:

1. Foco nos obstáculos como problemas;

2. Preocupação exacerbada com os gaps de competência;

3. Acolhimento estreito de metas trazidas pelos clientes; e

4. Falta de autopercepção humana positiva e congruência do *coach*.

Diante dessas posturas que assumimos na condução dos processos de Coaching, comecei a traçar, de forma dirigida, uma mudança, primeiramente, na minha maneira de atuar, usando a Psicologia Positiva. E para cada uma dessas armadilhas concebi **novas posturas** *sine qua non*, correlacionadas a cada uma das armadilhas acima, que eu deveria ter como *coach*, conforme exponho a seguir:

Aproveitar os aspectos positivos do passado, o presente e do futuro dos clientes

Com essa atitude, comecei a concentrar a minha atenção nos aspectos positivos relacionados aos obstáculos que surgiam nos processos, mudando a trajetória de atuação para vislumbrá-los como verdadeiras oportunidades para, inclusive, galgar caminhos melhores para o atingimento das metas. Tirei do bolso e quebrei aquela varinha de condão que muitos *coaches* carregam, achando que são "solucionadores de problemas, querendo eliminar as causas e não o que pode ser idealmente cogitado. Nesse aspecto, a Investigação Apreciativa em muito me auxiliou ao longo dos atendimentos de Coaching, pois permite uma concepção positiva de cenários como possibilidades de florescimento, a partir de uma reflexão mais ideal sobre o passado, o presente e o futuro. A análise de obstáculos, a busca de suas razões e a preocupação com os mesmos, minava um tempo rico em que poderia focar em formas ideais de concepções de soluções e alternativas.

Focar nas potencialidades humanas positivas e estar atenta às fraquezas dos clientes

Outra coisa que muitos acham fácil, mas que, na realidade, é bem mais complicado do que parece, é tirarmos, de verdade, a nossa atenção do que falta de competências e recursos internos nos *coaches*. Nosso viés ainda é negativo quanto à observação do outro e, por vezes, achamos que não focamos nisso, mas ao aguçar a percepção é fácil perceber que vacilamos em muitas horas. Como estou sempre em sala de aula, dando disciplinas de forças de caráter e talentos humanos, noto como é difícil às pessoas, mesmo em contextos em que a observação do outro em termos positivos está sendo treinada, desviar o olhar dos aspectos negativos, e deixar de lado a, às vezes, insana necessidade de sanear e focar nas fraquezas. E, ao longo da minha trajetória, consegui mudar minha forma de atuação. Logicamente que um Coaching de Psicologia Positiva, como muitos autores apontam, a exemplo de Kauffman (2006), Kauffman, Boniwell e Siberman (2014), Moore, Jackson & Tschannen (2016) e Biswas-Diener e Dean (2007), deve necessariamente focar nos aspectos humanos positivos dos clientes, mas também sem se esquecer dos aspectos negativos. Biswas-Diener (2010) usa uma metáfora muito interessante sobre isso: imagine seu cliente num barco, no qual as velas são as forças dele, e com o vento elas fazem o barco andar. Imagine que o seu cliente, por conta de suas fraquezas, cai na água. Será que é possível continuar sem jogar uma boia e tirá-lo do mar? Claro que não. O que consegui foi chegar ao equilíbrio em como observar meu cliente de Coaching como um ser integral, que apresenta inúmeras facetas a serem observadas, e sempre lançando mão de suas qualidades humanas positivas, para conseguir suprimir, quando possível, suas fraquezas durante o processo de Coaching.

Mapear o autoconhecimento positivo de clientes antes de conceber metas

Quanto à terceira armadilha, o que observei não apenas em mim mas em muitos *coaches* foi aquela postura de bravo gladiador que, no campo de batalha do Coaching, pensa que dará conta de fazer acontecer qualquer meta trazida pelo cliente. Vejo, em muitos *coaches*, eu diria, essa vaidade: "Eu consigo tudo", "Eu tenho ferramentas para isso" etc. Mesmo com uma postura de construção SMART de metas, usada pela maioria dos profissionais, em que o A se refere a atingível, acabamos por querer vencer o desafio de fazer com que a meta trazida pelo cliente seja alcançada a qualquer custo. Só que o que a experiência mostra com a Psicologia Positiva é que, antes de se pensar em meta, é preciso refletir sobre quem é esse indivíduo – quais são seus valores, qual propósito reserva no domínio da vida relacionado à meta, qual é o sentido que enxerga no que realiza em sua vida, quais são as outras expectativas que têm em outros domínios, com quem se importa e para quem importa, com o que ele se realiza e o que gera experiências de *flow* nele. O reconhecimento do cliente em todos os elementos do PERMA é de extrema importância, anteriormente à fixação de outras metas a serem atingidas no Coaching. Não é possível manter *coachees* perseguindo metas que não gerem florescimento humano para quem trabalha com Psicologia Positiva. A "meta" primordial de qualquer processo de Coaching de Psicologia Positiva é a FELICIDADE.

Congruência como coach no uso das qualidades humanas positivas e temas da Psicologia Positiva e respeito ao seu perfil de florescimento humano

Nessa postura assumida como *coach* com Psicologia Positiva, atentei-me à necessidade de identificar, obrigatoriamente, quais eram as minhas qualidades humanas positivas – forças de caráter e talentos humanos –, a fim de produzir em minha vida e em minha condução dos processos com meus clientes o uso e a potencialização dos meus aspectos mais positivos. Conceber processos como *coach*, sem entender, perceber, conhecer e aplicar as temáticas sobre os aspectos positivos em minhas condutas, poderia gerar uma inabilidade no trato do meu cliente sobre o uso de suas qualidades humanas positivas quanto a sua meta. Rapidamente, percebi que sem usar intencionalmente essas minhas características humanas positivas no trato com o Coaching geraria total inconsistência com o que eu esperaria que meus clientes promovessem em suas vidas para atingir seus objetivos. Além disso, perceber que as minhas qualidades me favorecem, melhorando a minha performance e o meu bem-estar me deixava com a plena convicção de que o que as pesquisas mostram não era apenas um conhecimento adquirido sobre os temas, mas uma vivência empírica, a qual me permitiria transmitir esse entendimento com verdade e experiência aos *coachees*. Observo, não apenas no campo do Coaching, mas em outras áreas de aplicação multidisciplinar da Psicologia Positiva, que muitos profissionais acabam não lançando mão da aplicação de temas em si mesmos, o que gera imensa incongruência entre seu discurso, a forma de viverem a vida e seu trabalho, além de perderem uma grande oportunidade de usufruir dos resultados e benefícios que a práticas de temas da Psicologia Positiva proporcionam.

Fora isso, considerando a importância de elevação de bem-estar no processo de Coaching de Psicologia Positiva, era essencial reconhecer o meu funcionamento e produção de florescimento humano no que tange aos elementos do PERMA. Precisei identificar o quanto ser um *coach* me favorecia na potencialização do meu bem-estar. E, nesse sentido, comecei a atentar para a percepção sobre quais emoções positivas os atendimentos mais me geravam, qual era o significado que eu identificava na atividade de Coaching na vida profissional como um todo, em que sessões eu me percebia em vivências de experiências de *flow*, o quanto as metas de realização para as sessões e os processos eu realmente atingia e o quanto eu conseguia desenvolver relacionamentos significativos com meus *coachees*. Para conceber-me uma *coach* de Psicologia Positiva, a atividade precisaria me gerar a elevação desses elementos, para que eu fosse realmente coerente em dizer a meus clientes que eles também precisariam atingir bem-estar em sua meta e em seu processo de Coaching. Fora isso, era preciso a elevação do meu bem-estar, para que, durante o processo, eu pudesse usufruir dos benefícios cognitivos, emocionais e comportamentais, gerados por mais positividade, para que a minha prática com o Coaching fosse favorecida. Em resumo, eu teria que aplicar em mim o que é a base do Coaching com Psicologia Positiva no que tange à elevação da emoção positiva e ao florescimento humano. E assim faço até hoje.

Fora essas posturas profissionais, é importante destacar o que utilizo em mim mesma da Psicologia Positiva, como *coach*, mais notadamente a forma como que me preparo para e na atuação nas sessões do PUC.

Muita gente que vem atuando profissionalmente em vários campos com a Psicologia Positiva, não apenas no Coaching, tem se esquecido de que, antes de aplicar os temas, práticas e intervenções a seus clientes, é preciso autoaplicar-se o que pode favorecer a sua conduta de trabalho. Ser um profissional que trabalha com a Psicologia Positiva não pode restringir-se a transmitir seus conhecimentos ou pegar sua "maletinha" de intervenções e sair aplicando por aí.

A conduta profissional de atuação em qualquer campo com a Psicologia Positiva precisa se dar de forma consciente em relação a quem é o indivíduo que habita o corpo do profissional de Psicologia Positiva: o que vive de suas qualidades humanas positivas e como as aplica no seu trabalho; quais realizações e sentido o trabalho que optou por fazer gera em sua vida; quais emoções positivas ele produz intencionalmente ao atuar com Psicologia Positiva; quais são as experiências de *flow* que vivencia enquanto atua no trabalho com essa ciência; quais intervenções usa de forma rotineira em sua vida para elevar seu bem-estar e trabalhar melhor para seus clientes, entre tantas outras coisas essenciais a quem atua nessa área.

No PUC, eu não poderia deixar de forma alguma de conduzir-me pelos atendimentos, sem lançar mão de tudo que a Psicologia Positiva pode me favorecer como ser humano e como *coach*, assim como faço em todos os campos profissionais em que me proponho a atuar com suas temáticas.

Muito rapidamente me dei conta de que o meu preparo para as sessões perpassaria necessariamente pelo *mindfulness*, a fim de sintonizar-me plenamente, com abertura e aceitação a tudo que meus clientes me trazem. Durante a sessão, estar sintonizada ao que o *coachee* traz, com abertura e livre de avaliações ou julgamentos, é imensamente favorecido por essa prática no contexto do Coaching. Estou falando aqui do *coach*, mas é claro que o *mindfulness* é extremamente favorecedor ao *coachee*, e sempre sugiro àqueles que desconhecem o tema que iniciem a prática em suas vidas, entre as possíveis intervenções positivas, dependendo do perfil do cliente, como aponto mais à frente.

Outra coisa essencial que sempre me indaguei era o quanto o atendimento me geraria emoções positivas. Vivemos um momento em que as pessoas estão sendo impelidas ou se permitindo ser pelo que as outras pessoas estão fazendo ou vivendo. E o Coaching, como já falamos aqui, é uma dessas grandes ondas que nos levam num turbilhão desmedido de milhares de pessoas que viram nessa ocupação uma oportunidade de "negócio". E será que todas essas pessoas que, de alguma forma, se formaram em escolas de Coaching, realmente produzem emoções positivas em suas vidas com essa atividade, em seus atendimentos? Para um profissional do modelo da Psicologia Positiva, atuar no Coaching sem emoções positivas é ir na contramão do que embasa toda a sua proposta. Por isso, sempre atentei ao quanto e quais eram as emoções positivas que me elevavam a positividade, tanto no preparo de sessões como na sua condução.

Para não me alongar muito sobre o que aplico em mim mesma como profissional de Coaching com Psicologia Positiva no meu modelo PUC, destaco por último o que não poderia ficar de fora: o uso de minhas qualidades humanas positivas – forças de caráter e talentos humanos.

Cada uma delas já é absolutamente integrada à minha vida cotidiana e, no Coaching, isso não é diferente. E, acima de tudo, são conscientes, plenas, aplicadas e favorecedoras igualmente do meu bem-estar. Desde a confecção de materiais e ferramentas, perpassando pelos estudos e pesquisas, no atendimento inicial aos clientes, na condução das sessões e em todas as fases, uso e potencializo essas qualidades humanas em prol do meu favorecimento e do processo em si.

Não consigo conceber um *coach* que não se sintonize com suas potencialidades no trato de seus processos, e você?

Framework do PUC

A definição do *framework* do Positive Upgrade Coaching espelhou-se nas modelagens de Coaching com ênfase na mudança de comportamento e com base no modelo da Psicologia Positiva, como já apontei.

Antes de iniciar a explanação do detalhamento do *framework*, é importante destacar o cuidado que reservo a uma conversa preliminar sobre alguns pontos, mesmo antes do início do processo, para dar conhecimento ao cliente sobre a aplicação da Psicologia Positiva no processo de Coaching. Para que ele tome uma decisão consciente, reservo o primeiro contato com o *coachee* e parte da primeira sessão para uma "educação positiva" sobre aspectos que considero importantes em relação ao Coaching que usa como modelo a Psicologia Positiva. Isso se justifica por quatro aspectos essenciais:

- **Autoconhecimento Positivo**

Em termos de suas etapas processuais, concebi uma linearidade que permitisse o atingimento das metas, formatadas durante o processo, após um mapeamento do *coachee* em termos de suas qualidades humanas positivas e seu perfil de florescimento humano e bem-estar.

Mais à frente, abordo o autoconhecimento positivo com mais detalhes.

- **Eudaimonia e Hedonismo**

Para a concepção das metas dos clientes, torna-se essencial esclarecer quanto o sentido é importante no que concebemos em nossas vidas; quanto o sentido gera a possibilidade de desenvolvermos uma motivação intrínseca, que nos conduz com perseverança no trilhar de nossas metas. Nutridos por sentido, podemos mais facilmente desenvolver a crença da autoeficácia, considerando-nos aptos a atingir objetivos, reconhecendo que nossas habilidades, sendo bem usadas, nos fornecem o que precisamos para galgar novos patamares de conquistas com sentido. Fora isso, os estudos e pesquisas (STEGER, 2017) sobre sentido mostram que, mesmo que ainda estejamos apenas em busca dele, isso nos coloca mais atentos a oportunidades que se apresentam, o que não acontece com quem não está atento à importância que ter sentido na vida pode nos gerar. Fora isso, o sentido nos permeia com um sentimento de que o que estamos construindo pode ser um "chamado", algo que nos movimenta em direção ao agir, por conta do que nos representa na existência humana. Além disso, é importante fazer com que o *coachee* entenda que o sentido não precisa se reservar apenas ao sentido da sua existência humana. Assim como recebe ênfase nos estudos atuais, Viktor Frankl (1977) já apontava que, diante de três concepções de sentido que considerava, a saber: sentido do universo, sentido da existência humana e sentido em uma determinada situação da vida, a última é na que realmente devemos ter mais atenção. (FRANKL, 2018)

Fora a o destaque feito aos *coachees* sobre o sentido contido na corrente de estudo da felicidade com ênfase na eudaimonia – na qual se concentra o aspecto relacionado a sentido para uma felicidade mais plena – é essencial abordar a vivência daquelas emoções positivas que acabam se concentrando na vertente do hedonismo, na qual o prazer, mais breve, permanece sendo vivenciado no decorrer da realização processual da meta, mas que, indispensavelmente, não podem tender a vícios ou exageros que venham a comprometer o atingimento do objetivo proposto no Coaching em sua vida de modo geral. Mesclar prazeres na trajetória do processo de Coaching, com todas as ações nutridas de sentido, pode ser maravilhoso e permitir ainda certa leveza e naturalidade à trajetória.

Por outro lado, é preciso, como *coach*, estar em estado permanente de observação sobre como é a dinâmica de felicidade do *coachee* em termos das vertentes de eudaimonia e de hedonismo, observando o que mais substancialmente nutre a caminhada de seu bem-estar. É preciso tentar não interferir de forma crítica em suas escolhas, mas nutrir a trajetória, com as tentativas de aprendizados relacionados ao sentido, com o qual podemos agregar um valor importante à vida, destacando o quanto isso pode gerar desdobramentos que concebem um viver mais cheio de significado.

A essencialidade da vivência da felicidade durante o processo

Neste aspecto, nutro-me essencialmente das considerações de Ben-Shahar (2008), que, com mestria, concebe um entendimento dignificante ao processo de Coaching, ao abordar as metas em nossa vida com uma condição especial de nos liberar para viver o momento presente, a jornada.

Com isso em mente, destaco ao *coachee*, logo de início e a todo tempo, que a definição da meta é de extrema importância, para que se sinta livre para viver cada momento da trajetória com felicidade e aproveitando o que suas etapas podem oferecer.

Transmito ao cliente que, apesar da importância da concretização da meta, como prospectada por ele, é preciso entender que não é possível "investir todas as suas aplicações de felicidade", apenas na conta do atingimento da meta, aguardando que, somente ao concretizá-la, receberá o bem-estar e a realização que espera.

Destacar que a felicidade precisa ser vivenciada a cada segundo da nossa existência, sem que tenhamos de aguardar apenas os resultados de objetivos, é uma constante de minha atitude no *setting* do Coaching, até porque não é essa a forma com que estamos acostumados a viver. Colocamos grande parte de nossas apostas sobre a felicidade no atingimento de nossas metas, as quais só chegam muitas vezes a médio e longo prazos, levando meses ou até mesmo anos para serem concluídas. Não há o menor problema em termos metas de médio e longo prazo, mas, ao as instituirmos em nossas vidas, precisamos estar atentos de que na trajetória, a cada momento presente, é que vivemos a nossa felicidade. E o Coaching com Psicologia Positiva é, em sua concepção teórico-prática, um processo que prevê essencialmente a felicidade dos *coachees*, não cabendo incentivarmos, como *coaches*, comportamentos ou posturas dos clientes que caminhem na contramão disso.

Assim sendo, a cada sessão e a cada um dos intervalos entre elas, lanço mão de ações e sugestões de práticas e intervenções da Psicologia Positiva, para que o *coachee*, ao praticá-las, vivencie maior bem-estar, não esperando apenas o final do processo para isso. Logicamente que sabemos que instituir metas, ter objetivos, é também considerado como prática da Psicologia Positiva para aumento de bem-estar, mas isso pode realmente gerar um favorecimento de melhoria de felicidade, à medida que não esquecemos de vivenciar a felicidade em nosso dia a dia.

Cientificidade e teoria como credibilidade

Outro ponto de extrema importância, para qualquer tipo de cliente, crédulo ou não sobre as temáticas abordadas pela Psicologia Positiva, é o destaque ao respaldo da ciência que envolve o processo de Coaching no qual ele está ingressando. Uma apresentação de dados revelados por resultados de estudos já realizados, com metodologias criteriosas de pesquisas, logo no primeiro contato, convence ou, pelo menos, ameniza a desconfiança até mesmo dos mais céticos. Diante de dados verificados e generalizáveis, fica mais confortável ao *coachee* entender que existe uma base que alicerça o modelo de Coaching ao qual ingressará e no qual apostará seu investimento de tempo e recursos financeiros. Isso não garante que tudo transcorra de forma exata ou precisa e que, com o seu *coachee*, todos os dados de pesquisas serão confirmados, mas a possibilidade de dar certo é muito maior.

Relatar ao *coachee* que o campo da Psicologia Positiva é construído em bases teóricas é outro momento essencial logo de início. Como a Psicologia Positiva trata de temas que concebem conhecimentos de senso comum, como a felicidade e as qualidades humanas positivas, destacar que suas bases se alicerçam em teoria, com arcabouços analisados e configurados com base em campos de ciências humanas, é de extrema relevância. Esclarecer ao cliente que você, como *coach* – desde que realmente o seja –, é um profissional com formação e expertise em Psicologia Positiva, e que essa se trata de um campo teórico e absolutamente técnico, pode ser muito favorecedor, no momento atual em que vivemos, em que todos se consideram "especialistas de tudo ou quase tudo com base na ciência do Google". E, como técnico na área, o *coach* precisa estar imerso em atenção quanto a não se deixar impregnar por observações, comentários, colocações e reflexões dos *coachees* que tendam ao senso comum ao qual o cliente está acostumado, pecando em deslizar na cientificidade e teoria nas quais a Psicologia Positiva se alicerça.

Feitas essas considerações iniciais, abordadas até mesmo, dependendo do caso, antes da primeira sessão, passo ao detalhamento do framework do PUC.

▪ Detalhamento do framework do PUC

Toda a proposta do framework concentra-se em dois campos de abordagem:

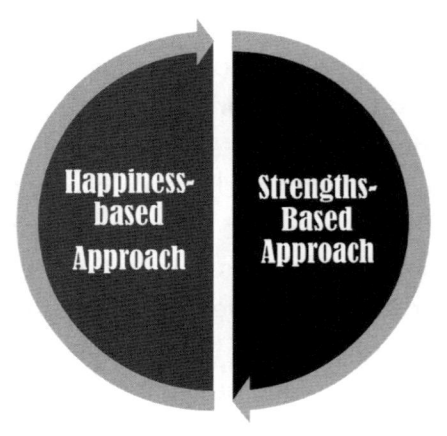

Para o desenvolvimento dessas duas abordagens, o processo do PUC alicerça-se nos estudos de dois pilares da Psicologia Positiva – no nível subjetivo, das emoções positivas, e, no nível individual, dos aspectos humanos positivos. (CSIKSZENTMIHALYI & SELIGMAN, 2000)

Com essa proposta, concentro minha atenção no aumento das emoções positivas dos clientes, para que obtenham aumento do bem-estar subjetivo e para que busquem seu florescimento humano com vivências baseadas nos elementos do PERMA[1]. A partir do aumento da positividade, reconheço no *coachee* os benefícios das emoções positivas elevadas, em termos emocionais, cognitivos e comportamentais que favorecem o processo.

Paralelamente a isso, empodero o *coachee* com o reconhecimento de suas qualidades humanas positivas, valorizando a sua

---

[1] PERMA – acrônimo na língua inglesa que é construído com as iniciais dos elementos da Teoria do Bem-estar de Martin Seligman (2011) que em português são: emoções positivas, engajamento, relacionamentos positivos, sentido e realização.

autopercepção em seu cotidiano, como um exercício de potencialização e direcionamento de aplicação de suas forças de caráter e talentos humanos.

Vamos detalhar um pouco mais essas suas abordagens.

- Happiness-Based Approach

No que tange a Happiness-Based Approach (abordagem baseada na felicidade), com o aumento do bem-estar, percebo, ao longo do processo, a melhoria dos seguintes aspectos: curiosidade, motivação, confiança em si e em mim como profissional, espírito explorador, positividade, tomada de decisão, vitalidade, visão ampla do processo de Coaching, conexões conceituais, solução de problemas, proatividade, estratégias adaptativas, criatividade e muitos outros.

A percepção desses aspectos nos *coachees* que passam pelo PUC se coaduna com inúmeras pesquisas sobre os benefícios gerados diante do aumento da positividade, como apontado por Fredrickson (2009).

Essa aposta no aumento da felicidade como favorecedor dos resultados do processo do PUC tem trazido ganhos aos resultados das metas, além de nutrir os *coachees* com um aprendizado significativo sobre sua forma de conceber seu bem-estar, os quais se sentem, muitas vezes, surpresos com a geração de melhoria de felicidade em suas vidas a partir do que aprendem no processo do PUC.

Essa transferência ou desdobramentos de resultados de bem-estar na vida do *coachee*, na maioria das vezes, é percebida em seu contexto familiar e social, o que fortalece os relacionamentos positivos, os quais acabam funcionando como apoiadores do processo de Coaching e das metas.

Com isso, a vida do *coachee* e o processo de Coaching se favorecem de forma exponencial, potencializando a melhoria de sua satisfação com a vida de forma geral, e aumento de afetos positivos e uma percepção favorecida dos afetos negativos vivenciados, quando não efetivamente diminuídos mesmo, já favorecendo o bem-estar subjetivo, em seus dois aspectos cognitivo e afetivo, conforme define Diener (2009).

Fora isso, a indicação ao *coachee* de possibilidades de pequenas vivências de mais afetos positivos em sua vida favorece mais o bem-estar, se coadunando com o que afirmam Diener e Lucas (2000), de que a frequência de afetos positivos é mais essencial que sua intensidade.

E, nesse *looping* potencializador de bem-estar, aumentam os resultados emocionais, cognitivos e comportamentais, que, por sua vez, geram mais felicidade e, assim, *coachee* e processo são extremamente beneficiados.

▪ Strengths-Based Approach

Já no que se refere ao Strengths-Based Approach, os benefícios são equivalentes, ou, dependendo do perfil do cliente, ainda melhores.

Reconhecer-se em suas qualidades humanas positivas, que, em muitos casos, são absolutamente revelações, gera nos *coachees* um novo olhar sobre si mesmos, fortalecendo-os em sua autoconcepção, ao se perceberem como indivíduos valorosos, nutridos de aspectos positivos que antes não consideravam dessa forma ou achavam simplesmente inexistentes.

A forma natural com que manifestamos nossas forças de caráter e nossos talentos humanos acaba por nos manter numa certa incapacidade de identificar que esses aspectos podem ser considerados qualidades, pois acreditamos que todas as pessoas, assim como nós, têm as mesmas coisas. Niemiec (2018) traz essa forma de interpretarmos nossas forças, e aponta que acabamos por considerar essas nossas qualidades como ordinárias e não extraordinárias, não dando a elas a importância que têm.

Entender e até mesmo aceitar que temos qualidades humanas positivas, que conjuntamente a nossos contextos de vida, nosso conhecimento empírico, nossos valores e interesses nos tornam seres únicos e valorosos, por vezes, pode ser um processo lento de conscientização, pois estamos habituados a pensar muito mais em nossas fraquezas, *gaps* de habilidades e competências, "defeitos" e tudo que nos caracterize negativamente.

Tamanha é a intensidade com que acabamos concentrando nossa atenção no que "temos de ruim" que, muitas vezes, os *coachees*, ao identificarem suas forças de caráter e talentos humanos, buscam aqueles que tiveram pontuação mais baixas, no vício de sempre procurar o que não têm, ou quem não são.

O desnudar da visão dos aspectos positivos gera nos *coachees* a possibilidade de se conectarem a sua essência humana mais valorosa, o que os torna – para ser mais lúdica – "super-heróis", se percebendo maiores e melhores, não apenas para o processo de Coaching, mas para a sua vida de forma geral.

Contudo, minha concentração na percepção das qualidades humanas positivas do *coachee* de forma a se beneficiarem é imensa. Não acredito que somente *assessments*, cujos resultados são imensamente reveladores, são por si só o que basta.

No caso das forças de caráter, gerar entendimento nos *coachees* sobre o que é a vivência do The Golden Mean of Character Strengths[2] (NIEMIEC, 2018) é uma tarefa trabalhosa e de muita dedicação, tanto minha como deles. Fazer com que concebam o uso de suas forças pessoais de forma combinada, adequadamente em contextos e com propósitos certos, e na intensidade devida, com benefícios para eles e para outras pessoas (NIEMIEC, 2018), pode levar a uma jornada para além do monitoramento das sessões do PUC.

E isso implica perceber de maneira apurada as formas inadequadas de uso das forças quanto ao *overuse*[3] ou *underuse*[4], situações que podem gerar desconfortos internos e nas relações interpessoais, e acabar por gerar prejuízos na condução do processo do PUC.

Já quanto aos talentos humanos (GALLUP, 2019), além de todo um processo semelhante ao de forças de caráter quanto ao seu reconhecimento, a atenção redobra-se na configuração de pontos fortes, que venham a realmente contribuir com a concretização das metas.

---
[2] Tradução livre da autora – O Caminho de Ouro das Forças de Caráter
[3] Overuse – uso em excesso de forças de caráter (NIEMIEC, 2014)
[4] Underuse – uso escasso de forças de caráter (NIEMIEC, 2014)

E, nesse sentido, conjuga-se a necessidade de verificar, dependendo da meta, a essencialidade de aquisição de conhecimentos e técnicas, que unidos a um ou mais talentos gerem pontos fortes colaborativos e vivenciais durante o processo de Coaching, e em alguns casos, depois de sua conclusão.

Ao se dar todo esse processo de mudança de percepção de si próprio, compreendendo a importância do uso adequado de suas qualidades humanas positivas, a geração de maior bem-estar é efetiva, bem como a produção de melhores resultados, maior confiança, maior autoestima, o que se reproduz em recursos otimizados, favorecedores ao processo de Coaching.

Destaco que, dependendo do *coachee*, ainda é possível aplicar outros *assessments* para verificação de qualidades humanas positivas e outros aspectos quanto ao perfil do cliente, os quais estão mencionados no diagrama do Autoconhecimento Positivo mais à frente neste capítulo.

▪ Ciclo do framework do PUC

No ciclo do *framework* do PUC, apesar de sua linearidade proposta em cada uma das etapas, há a possibilidade, desde que necessário, de retroceder a alguma das etapas já transpostas.

Isso se deve ao fato de o processo de *Coaching* já ser, independentemente do modelo escolhido, imensamente revelador. Contudo, com o modelo de Coaching com Psicologia Positiva, o qual nos conduz por um novo paradigma de nos concebermos em termos de nossas potencialidades, além de nos revelar como podemos conduzir nosso bem-estar sob nossa responsabilidade, tudo se torna muito novo e impactante, o que demanda tempo de conscientização sobre tudo que o *coachee*, por vezes, pensa sobre si mesmo pela primeira vez em sua vida.

Com isso, ao longo do processo, novos rumos podem ser considerados; dúvidas podem ser suscitadas, merecendo esclarecimentos; compreensões precisam ser sedimentadas, e, na maioria dos casos, o que o *coachee* esperava tratar no processo de Coaching toma nova direção, que antes nem imaginava. Afirmo que em quase 100% dos casos que atendi todas as metas reveladas na primeira sessão não foram as mesmas contempladas no processo.

Diante dessa revolução interna pela qual passa o *coachee*, caso eu optasse pelo engessamento protocolar do *framework* do PUC, seria fadar o processo ao insucesso, e por isso, transito sempre que necessário em idas e voltas em cada uma das etapas.

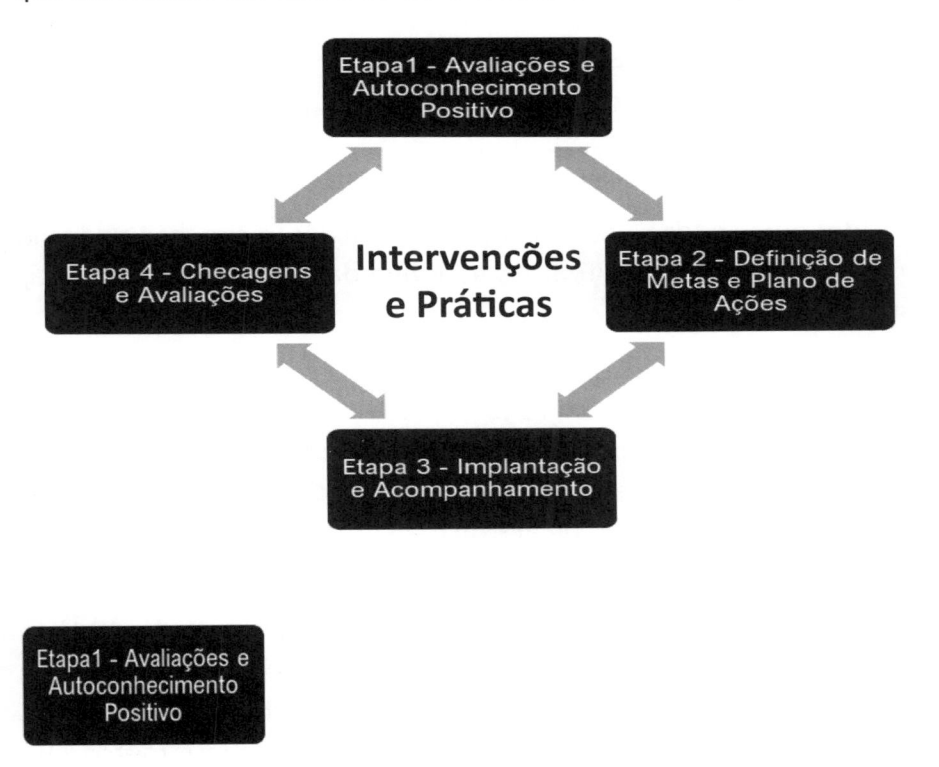

```
         Etapa1 - Avaliações e
         Autoconhecimento
              Positivo

Etapa 4 - Checagens    Intervenções    Etapa 2 - Definição de
   e Avaliações         e Práticas      Metas e Plano de
                                             Ações

         Etapa 3 - Implantação
          e Acompanhamento
```

Etapa1 - Avaliações e Autoconhecimento Positivo

A primeira etapa será sempre Avaliações e Autoconhecimento Positivo.

Para favorecer a elevação do bem-estar e potencialização das forças de caráter (PETERSON & SELIGMAN, 2004) e a construção de pontos fortes, com uso dos talentos humanos identificados (BUCKINGHAM & CLIFTON, 2008), todo o início do processo do PUC concentra-se no Autoconhecimento Positivo do *coachee*.

Tratando-se a Psicologia Positiva de um campo de ciência, percebi ao longo dos atendimentos a necessidade de, logo no início, aplicar mensurações de construtos que balizassem o bem-estar subjetivo.

Nessa etapa, o ideal é aplicação da ESCALA DE AFETOS POSITIVOS E NEGATIVOS (adaptada por Giacomoni & Hutz, 1996, e refinada por Zanon & Hutz, 2014), para o aspecto afetivo do bem-estar subjetivo, e da ESCALA DE SATISFAÇÃO DE VIDA (ZANON, BRADAGI, LAYOUS & HUTZ, 2013, adaptação e validação da Satisfaction with Life Scale) (DIENER, EMMONS, LARSEN & GRIFIN, 1985), para o aspecto cognitivo do bem-estar subjetivo.

Fora isso, a fim de conhecer e dar compreensão ao *coachee* sobre o que ele pode fazer pelo seu florescimento humano, indico a escala PERMA™, disponível no site Authentic Happiness. Contudo, considerando tratar-se de uma escala em Inglês, o *coachee* pode vir a não realizá-la. Nessa situação, ao longo das sessões dessa etapa, verificarei os elementos em que o *coachee* mais favorece o seu florescimento humano no PERMA.

De posse dessas informações sobre o bem-estar do *coachee* e seu florescimento humano, começo a desenhar o perfil do cliente em termos do que, no momento atual, ele vem realizando para a elevação do bem-estar, os afetos mais frequentes e seu nível de satisfação com a vida.

Para avaliação da satisfação ainda, de forma a explorar melhor os níveis de satisfação em inúmeros domínios e subdomínios da vida do cliente, utilizo uma das ferramentas mais antigas utilizadas no Coaching: a Roda da Vida. Para muitos *coaches*, supostamente autointitulados vanguardistas no Coaching, trata-se de uma ferramenta ultrapassada, sobre o que eu discordo absolutamente. Trata-se de uma avaliação que permite de forma ampla e investigativa conhecer detalhes sobre o aspecto cognitivo do bem-estar subjetivo.

Nessa etapa, ainda, é o momento de realização dos *assessments* para a identificação das qualidades humanas positivas, as quais serão foco central de atenção durante o processo de Coaching:

- Para identificação das forças de caráter
  - **VIA Survey**, na versão *default* disponível no site do VIA Institute gratuitamente; e

- Para identificação dos talentos humanos
  - **CliftonStrengths,** disponível no site das Organizações Gallup, cujo código de acesso encontra-se disponível nas publicações sobre o tema ou por meio da compra do código pelo site da instituição.

Para compreender melhor e de forma mais didática a concepção dessa etapa do *framework* do PUC, observe o diagrama, o qual contempla todas as etapas (entradas e saídas) possíveis de aplicação nesse momento do processo de Coaching.

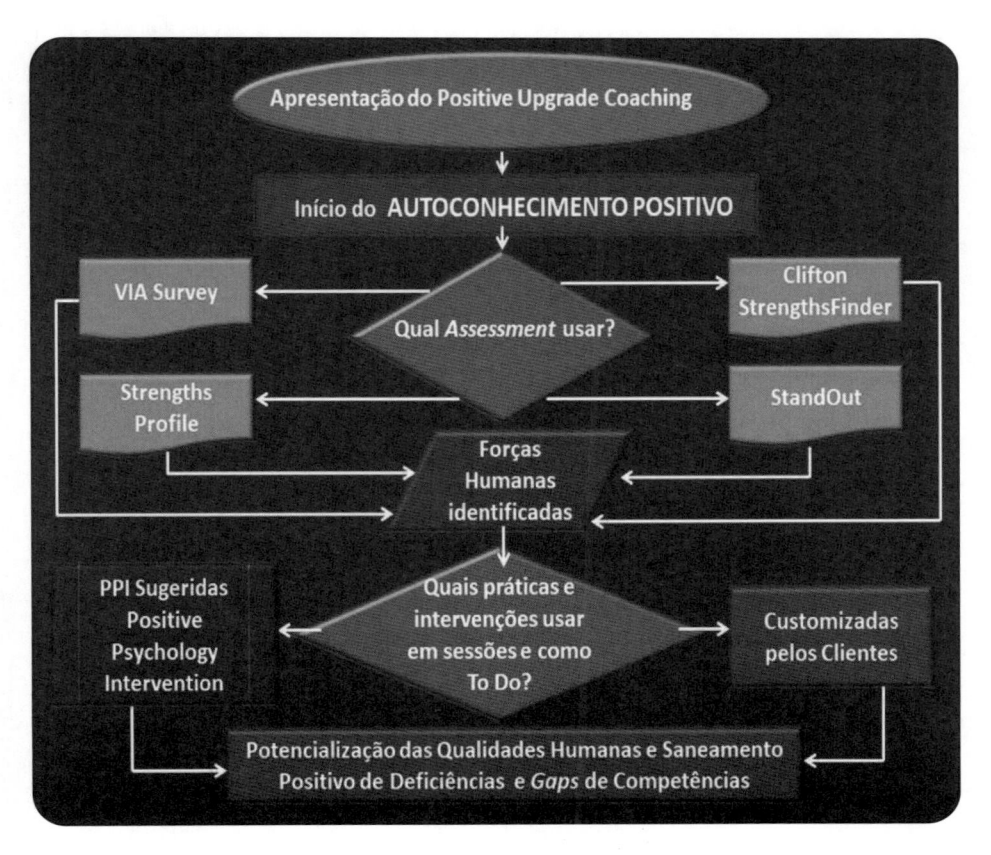

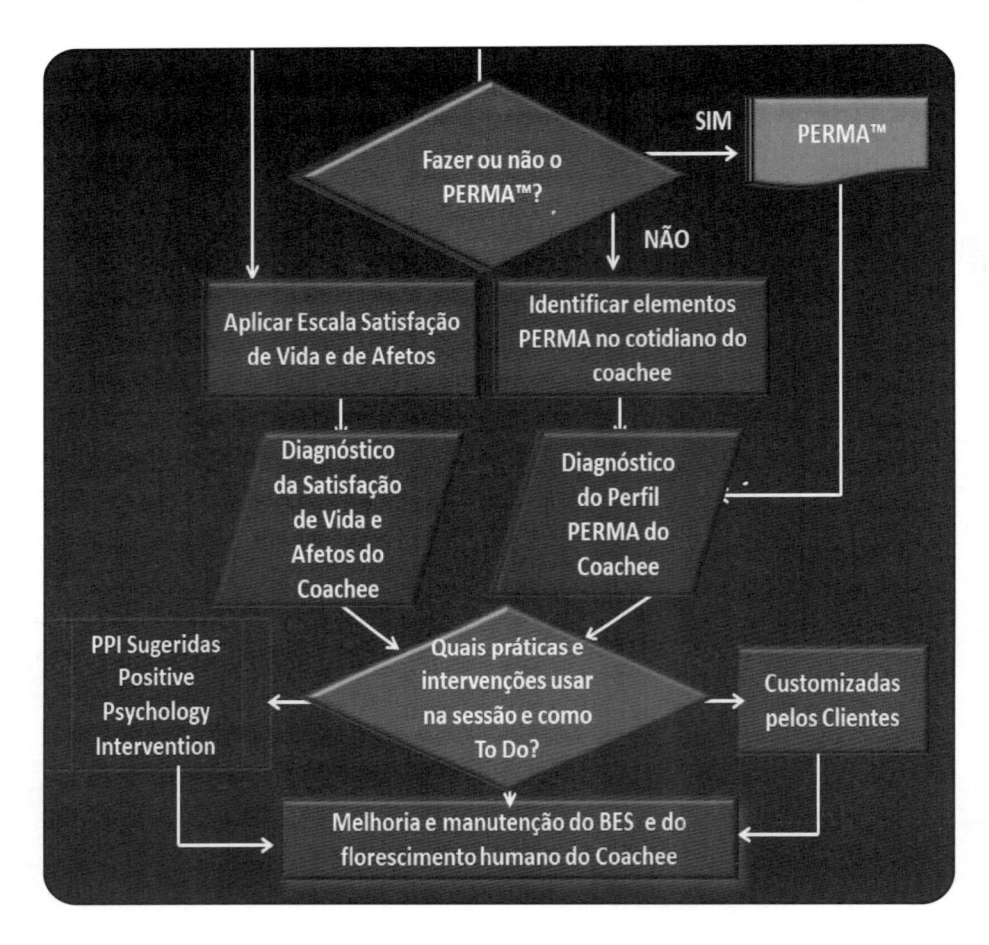

```
                    ┌─────────────┐      SIM    ┌─────────┐
                    │ Fazer ou não│────────────▶│ PERMA™  │
                    │   o PERMA™? │             └─────────┘
                    └─────────────┘
                           │ NÃO
              ┌────────────┴────────────┐
              ▼                         ▼
   ┌──────────────────┐      ┌──────────────────────┐
   │ Aplicar Escala   │      │ Identificar elementos│
   │ Satisfação de    │      │ PERMA no cotidiano   │
   │ Vida e de Afetos │      │ do coachee           │
   └──────────────────┘      └──────────────────────┘
              │                         │
              ▼                         ▼
   ┌──────────────────┐      ┌──────────────────────┐
   │ Diagnóstico da   │      │ Diagnóstico do       │
   │ Satisfação de    │      │ Perfil PERMA do      │
   │ Vida e Afetos    │      │ Coachee              │
   │ do Coachee       │      │                      │
   └──────────────────┘      └──────────────────────┘
```

(Diagrama de fluxo: Psicologia Positiva aplicada ao Coaching — inclui também "PPI Sugeridas Positive Psychology Intervention", "Quais práticas e intervenções usar na sessão e como To Do?", "Customizadas pelos Clientes" e "Melhoria e manutenção do BES e do florescimento humano do Coachee".)

Como pode ser observado no diagrama, começo com os *assessments* para identificação das qualidades humanas positivas.

Inicialmente para conceber a potencialização das forças de caráter, utilizo o modelo **AWARE – EXPLORE – APPLY** de Niemiec (2013).

Para isso, no primeiro momento, peço ao *coachee* que faça o teste VIA Survey, para dar consciência (**AWARE**) sobre suas forças TOP 5 e daquelas que além dessas considera como suas forças de assinatura. Realizado o teste e com o resultado simples e gratuito, sugiro ao *coachee* – caso eu já não tenha incluído no valor – que adquira o relatório pago VIA Pro, o qual fornece inúmeras informações sobre o resultado obtido no *assessment*, o que, na minha opinião, favorecerá mais substancialmente o cliente, que acaba tendo o primeiro contato com essa temática. Para o *coach* é essencial? Isso dependerá da expertise que já tenha no trato das forças de caráter.

Na etapa **EXPLORE** (explorar), desde 2018, venho utilizando o Power Questions – Forças de Caráter (CORRÊA, 2018), de minha autoria, uma publicação da Editora Leader. Esse material é formado por 120 *cards* com 240 perguntas que geram inúmeras reflexões nos *coachees*, todas elas formatadas em consonância com a teoria e a prática sobre forças de caráter. Ao longo dos anos, até o referido ano, com o trabalho de *coach*, docente e mentora, fui catalogando perguntas as quais elaborava para que meus clientes e alunos pudessem ter maior autopercepção de suas forças de caráter.

Já na parte **APPLY** (aplicar), juntamente com o *coachee* e seu perfil, características e comportamentos, identificamos quais serão as ações que tomará para colocar as suas forças de caráter de forma consciente mais presentes em sua vida, aplicando cada uma delas de diversas formas. A fim de favorecer essa parte, durante as sessões ou entre as mesmas, sugiro aos *coachees* intervenções da Psicologia Positiva ou práticas que se adequem melhor ao perfil do cliente. Dentre elas, utilizar a força de caráter de uma nova maneira durante uma semana, ler uma biografia sobre um ícone de uma de suas forças Top 5, assistir a um filme com personagens de uma de suas Top 5 ou força de assinatura.

Para a investigação e melhor exploração dos talentos humanos, após o *assessment* CliftonStrengths, minha busca já é de direcionar mais pontualmente para a criação de pontos fortes. Identificar quais atividades podem gerar um desempenho que seja equivalente a um ponto forte em meu cliente é um trabalho minucioso e, por vezes, complexo.

Para tanto, procuro concentrar a atenção na área de atuação do *coachee* em termos profissionais e pessoais, para identificar como posso inserir mais recursos desenvolvidos por estudos que envolvem os talentos humanos e seu uso.

E logicamente que sintonizar essas possibilidades de pontos

fortes com a meta – neste ponto, apenas pretendida – é uma condição essencial. Nessa hora, verificarei se trata-se de algo voltado ao empreendedorismo, à carreira, à liderança, à área educacional, aos relacionamentos com filhos, às relações amorosas etc.

Feitas essas análises, colocar em prática, na vida cotidiana e do trabalho, os talentos dos *coachees* será uma prática que transcorrerá durante todo o processo do PUC, e que sempre deixa seus desdobramentos após o processo.

Da mesma forma que indico para as forças de caráter, também indico aos *coachees* a aquisição do relatório mais completo do resultado do teste.

Logicamente que, feitas essas considerações sobre as qualidades humanas positivas, verifico quais os *gaps* que poderão implicar comprometimentos no desenvolvimento do processo do PUC.

Olhando assim, o leitor deve estar pensando: "Como dá tempo para isso tudo, não é mesmo?" **Só que, na prática, tudo ocorre simultaneamente. Nas interações e trocas em cada momento do trabalho, as situações são trazidas à tona pela própria dinâmica do processo de autoconhecimento e o fluir nas sessões é absolutamente confortável e agradável.**

Apesar de, no fluxograma, a investigação das qualidades humanas positivas, estar no início, isso não precisa acontecer necessariamente nessa ordem, em especial, as medições do bem-estar subjetivo e do florescimento humano do *coachee*. Assim como as verificações dos *gaps* que apontei acima acontecerem simultaneamente, da mesma forma mesclo essas verificações ao mesmo tempo em que eu desenvolvo a abordagem com as qualidades humanas positivas.

Como o objetivo central é manter o bem-estar do *coachee* elevado durante todo o processo – e se tudo der certo de verdade, que ele passe a mantê-lo também depois terminado o processo –, é chegada a hora de utilizar práticas e intervenções da Psicologia Positiva que sejam favorecedoras do bem-estar dos *coachees*.

Logicamente que isso irá depender do perfil de comportamento de cada cliente, pois, conforme apontam Lyubomirsky e colegas (2013), **é essencial atentar para o encaixe pessoa-atividade, verificando a característica, a intensidade e a frequência dessas ações e práticas, a fim de que as escolhidas efetivamente gerem maior bem-estar e não o oposto.**

Alguns clientes podem se sentir confortáveis com intervenções positivas com temas como gratidão, generosidade e perdão e outros podem se adequar melhor com práticas relacionadas ao *savoring*, ao *mindfulness*, ao *flow*, entre outras.

Conforme as sessões vão se desenvolvendo, o que sempre ocorreu é que vou percebendo o *coachee*, testando sugestões de intervenções positivas e recebendo os *feedbacks* em relação ao aumento do bem-estar. Isso é o meu balizador para sugerir quais práticas ele poderá utilizar com mais probabilidade de aumento de bem-estar.

E é claro que, ao longo do processo, até mesmo intervenções que podem ter efeito no início podem não gerar mais bem-estar no meu *coachee*, e é nessa hora que testamos outras intervenções e práticas que comecem a gerar mais emoções positivas.

Etapa 2 - Definição de Metas e Plano de Ações

Na etapa de Definição de Metas e Plano de Ações, procuro realizar de forma breve a Investigação Apreciativa (COOPERRIDER & SRIVASTVA, 1987) utilizando o Ciclo 4D, como já abordado no Capítulo 2, a fim de:

- identificar sucessos e conquistas do *coachee* do passado e quais recursos e aprendizados pode utilizar na meta;
- vislumbrar a melhor versão ou possibilidade de concretização de sua meta;

- começar a traçar o plano de ações, com a escolha da melhor e mais ideal das metas pensadas, com a inclusão de todas as suas etapas e providências necessárias para que se concretize; e
- finalmente, determinar as primeiras ações a serem tomadas de imediato – às vezes, até na própria sessão – para que a trajetória à meta já se inicie naquele momento.

Para o uso da abordagem da investigação apreciativa no contexto do Coaching, utilizo, desde 2018, o material do game Upgrade Positivo com Investigação Apreciativa (CORRÊA, 2018), uma publicação de minha autoria da Editora Leader, para a modelagem de uso individual *face-to-face* de Coaching.

Na segunda etapa, quando apontamos e identificamos a meta mais ideal, é o momento em que utilizo técnicas que facilitam uma construção produtiva, positiva e de qualidade da meta traçada.

Dentre essas modelagens, algumas das quais uso de forma a dar clareza à construção das metas, são as apresentadas a seguir, mas, essencialmente, utilizo a SMART e a CRIE-PE, pois alinham-se perfeitamente ao Coaching com Psicologia Positiva.

VERIFICAÇÃO SMART
S pecif (específico)
M easurable (mensurável)
A chievable (alcançável)
R elevant (relevante)
T ime (Prazo)

FORMULAÇÃO PURE
P ositivo
U nderstood
R elevante
É tico

FORMULAÇÃO CRIE-PE
C ontextualizado
R ecursos necessários
I niciado e mantido pelo Coachee
E cológico
P ositivo
E vidência

Checagem CLEAR
C Challenging
L egal
E cológico
A dequado
R egistrado

Depois de criada a meta, a qualquer momento podemos rever o que for necessário, considerando os desdobramentos que vão surgindo ao longo do processo, e, logicamente, isso implicará nova revisão de etapas do planejamento inicial.

Quando chegamos ao ponto de considerar consolidado o que realmente será o objetivo, utilizo a ferramenta Road Map, para fazer o detalhamento de todas as etapas a serem cumpridas – do futuro da meta realizada até o momento atual, ali na sessão, definindo uma programação semanal. Para construir e dar concretude ao momento de realização da meta ao final do processo de Coaching, que serve como ponto de partida no Road Map, utilizo uma aplicação customizada da intervenção positiva Melhor Possível Eu (LAYOUS, NELSON & LYUBOMIRSKY, 2012) para que o *coachee* possa reproduzir mentalmente a imagem de futuro de quem será ao realizar o seu objetivo com sucesso. E, nessa visualização, trago na condução da intervenção todo o manancial identificado de qualidades humanas positivas e de enlevo de bem-estar, produzido ao longo do processo e na concretização da meta. Isso tem gerado uma imensa lucidez sobre a meta, esperança, otimismo, empoderamento e muita motivação em começar a realizar as etapas rumo à meta.

Feito isso, é hora de arregaçar as mangas e agir!

Etapa 3 - Implantação e Acompanhamento

Uma vez tendo feito o plano de ações na Etapa 2, a Etapa 3 se concentra em executar tudo que foi planejado, tomando as ações que serão necessárias ao atingimento da meta.

Nessa etapa, é essencial fomentar no *coachee* a sua autoeficácia, com base na proposta teórica de Albert Bandura (1997), e, para isso, é necessário estar em constante atenção sobre a dimensão e o porte das ações e a condição das capacidades do *coachee* para a realização do que foi acordado entre as sessões. Esse tipo de cuidado gera como alternativa trabalhar com metas menores, quando o *coachee* começa a apresentar diminuição de sua crença de que pode realizar a contento a sua meta ou submeta. E é preciso muita atenção nessa hora, para que a dosagem seja a correta, e sua percepção como *coach* também seja precisa, pois, caso o *coachee* seja mais motivado por metas maiores e mais desafiadoras, um erro pode gerar alto descontentamento e até retroceder um processo em projeção positiva rumo à meta.

Coadunando de forma similar à autoeficácia, se for preciso, realizo ações que possam produzir no *coachee* mais garra, com vistas a mover-se com persistência e paixão em prol de sua meta, a qual já foi traçada considerando o que Angela Duckworth (2016) aponta sobre a definição de metas que combinem com um sentido importante na vida do cliente.

Outra possibilidade de ocorrência durante essa fase é o aparecimento de um estilo atributivo pessimista que venha a ancorar a meta, sem possibilidade de que ela vá além do horizonte. Geralmente nas fases anteriores, tudo é muito convidativo e atraente e, por vezes, esse perfil fica camuflado. Quando isso acontece, e se verifico a necessidade, aplico o teste sobre o estilo atributivo (SELIGMAN, 2012). Contudo, se eu estiver convicta de que meu *coachee* realmente tem um estilo atributivo pessimista, vou identificar quais crenças se apresentam mais fortemente bloqueadoras quanto ao alcance da meta, e usar a modelagem ABCDE sugerida por Seligman (2002) para esses casos.

Caso a abordagem e postura do *coachee* sejam percebidas, já de outra maneira, tomando como base os estudos de Dweck (2017), como de um *mindset* fixo, trabalho com a proposta de esclarecer ao cliente sobre a possibilidade de desenvolver um *mindset* de desenvolvimento/crescimento, não se prendendo à crença de que não pode ir além de seus talentos, isentando-se de uma nova forma de entendimento sobre a possibilidade de potencializar ainda mais o que já tem de bom.

Nessa etapa, também fico atenta sobre como a esperança vem nutrindo o trilhar do meu *coachee*, e sempre que preciso faço uma educação positiva, no sentido de dar clareza sobre a responsabilidade que temos em nos concentrarmos em nossas rotas até a meta, mantendo nossa atitude nutrida por motivação, conforme aponta Synder (2009).

Etapa 4 - Checagens e Avaliações

A Etapa 4 é o final do processo de Coaching, na qual reaplico as escalas de bem-estar subjetivo e florescimento aplicadas na primeira sessão na Etapa 1, para dimensionar o quanto todo o período do PUC foi favorecedor a esses construtos.

Fora isso, fazemos todas as checagens necessárias quanto ao que ficou acordado na meta, o que foi redirecionado, o que fica para depois e o que pode gerar de desdobramentos futuros.

Nesse momento, peço que o *coachee* realize as avaliações, as quais elenco no item a seguir, ou se preferir que as leve e faça posteriormente, garantindo o retorno para mim, para que eu tenha sempre o *feedback* da aplicação de meus processos e sobre a minha conduta.

Antes de passar ao próximo item, destaco algumas abordagens que costumo praticar, as quais vão sendo produzidas à medida que se fazem necessárias, em função do perfil do cliente.

| Administração do Tempo Nova Agenda | Desapego de Comportamentos, Situações, Pensamentos, Emoções e Pessoas | Desenvolvimento de Mecanismos para Implantação de Novos Hábitos |

- **Administração do tempo e nova agenda** – utilizo quando o *coachee* sempre traz a desculpa de que não tem tempo, e, por isso, não faz as tarefas combinadas ou não vem às sessões.

- **Desapego de comportamentos, situações, pensamentos, emoções e pessoas** – utilizo uma ferramenta que criei – Desapega! – quando percebo que o *coachee* apresenta reais dificuldades em organizar sua vida, para dar foco ao processo do Coaching, gerando uma diminuição de seu bem-estar, o que é preciso evitar sempre. A ferramenta permite que o *coachee* encontre mecanismos para se desvencilhar de tudo que ocupa a sua energia, o seu pensamento, o seu tempo e sua vida como um todo.

- **Desenvolvimento de mecanismos para implantação de novos hábitos** – quando ocorre de o *coachee* ter dificuldades de gerar novos mecanismos e hábitos para aplicação das práticas e intervenções positivas, concentro atenção em auxiliá-lo a criar rituais que, com o tempo, fomentem novos hábitos, e ele tenha ganhos com a produção de maior bem-estar e uso de suas qualidades humanas positivas.

- **Aplicação do PUC**

Destaco, a seguir, algumas informações sobre a concepção do processo do PUC, bem como algumas de ordem prática, como um todo:

➢ **Sessões**

- Protocolarmente, são definidas dez sessões semanais de, pelo menos, uma hora e meia, para todas as etapas, divididas inicialmente, mas não necessariamente da forma a seguir:

  Etapa 1 – 4 sessões

  Etapa 2 – 2 sessões

  Etapa 3 – 3 sessões

  Etapa 4 – 1 sessão.

- As demandas trazidas pelo *coachee* a cada sessão são devidamente analisadas e trabalhadas durante a sessão.

- Não há sessão pro bono gratuita para apresentação da proposta. Todas as informações sobre o processo são repassadas ao interessado num contato preliminar por telefone ou por WhatsApp.

- As sessões são realizadas presencialmente ou online em horários de comum acordo.

- Cada sessão segue um roteiro de aplicação que comporta as seguintes fases, cujos tempos de duração a serem utilizados variam de acordo com a necessidade do processo:

ABERTURA
Abertura do processo (sessão 1) Verificação dos TODOs (demais sessões)
PROPOSTA DA SESSÃO
Negociar com o coachee o que será abordado na sessão, sempre explicando sobre a cientificidade de cada proposta apresentada e o favorecimento de cada abordagem conduzida, além de enfatizar a importância do bem-estar ao processo.
DESENVOLVIMENTO
Condução do negociado para a sessão com registro dos pontos mais importantes do desenvolvimento da sessão, para posterior Feedback Positivo ou emissão de relatório. Definição de TODOs a serem realizados.
FEEDBACK POSITIVO – *COACHEE* E *COACH*
Fechamento da Sessão com relatos de impressões e resultados obtidos.

> **CONTRATAÇÃO**

- Além das sessões que são realizadas, constam no contrato todo o trabalho de *background* produzido para que o processo seja realizado com qualidade.

- Todos os termos inerentes ao processo são devidamente registrados no contrato, o qual é assinado pelas partes.

> **AVALIAÇÕES PROCESSUAIS**

- Ao final do processo na Etapa 4, formalmente, sugiro a aplicação no modelo PUC de quatro tipos de avaliações, sendo as três primeiras feitas pelo *coachee* e a última pelo *coach*:

  - **Desempenho do *coach*;**

- **Eficácia do processo de Coaching;**
- **Autoavaliação do *coachee*; e**
- **Autoavaliação do *coach*.**

É importante destacar que, ao final de cada sessão, além do *feedback* do *coachee*, procedo a uma autoavaliação, para identificação de possíveis melhorias a cada encontro.

Feitas todas essas considerações sobre o meu modelo de Coaching – Positive Upgrade Coaching – devo destacar que a minha intenção nunca foi nem será dar atenção apenas ao que o meu cliente agrega para o processo contratado.

Como já publiquei (CORRÊA, 2013), minha maior preocupação é com a possibilidade de, no futuro, meu cliente poder realizar autocoaching em tudo em sua vida, assim como faço na minha. E por isso, durante o seu processo, me concentro em construir um trabalho de Coaching customizado ao cliente, apesar de todo o protocolo estruturado.

Não consigo conceber um processo de Coaching que não gere esse benefício agregado. Por trás desse meu trabalho, está genuinamente o meu desejo de conscientizar as pessoas sobre a sua potencialidade para a felicidade e sobre o quanto podem ser mais de si mesmas, quando lançam mão de uma vida intencionalmente construída em prol da felicidade humana e de satisfação.

A Psicologia Positiva e o Coaching de forma eficaz podem transformar a vida das pessoas. E por ter descoberto os efeitos de suas aplicações sinto-me absolutamente responsável por fazer com que isso chegue às pessoas da melhor maneira possível. Dividir o conhecimento sobre esses dois campos com o uso do PUC como uma metodologia orientada para efetivar isso na vida das pessoas é uma forma de multiplicar o que aprendi, o que agreguei, o que já me beneficiei de ambos.

Por isso, a dedicação em entregar todos esses detalhes sobre meu modelo, abrindo as portas para que você, leitor, conheça o meu trabalho por meio desta obra, me faz absolutamente feliz e mais consciente de meu papel de *coach* e de educadora de profissionais de Psicologia Positiva e Coaching.

Desejo que tenha sido útil a você.

COACHING DE PSICOLOGIA POSITIVA PARA ALTA PERFORMANCE

METODOLOGIA

Capítulo 4

Daniela Levy

Introdução

Ao iniciar a escrever este capítulo, sobre a metodologia que utilizo para o meu trabalho de Coaching de Psicologia Positiva, fiquei pensando em uma maneira de estruturá-lo que ficasse fácil de entender e com uma sequência que fizesse lógica para o leitor.

Claro que a sequência do trabalho de Coaching de Psicologia Positiva que utilizo com os clientes nem sempre é linear e não segue um padrão fixo. Precisamos levar em conta que os indivíduos e ou organizações têm demandas, necessidades e características individualizadas.

Para estruturar a minha metodologia tive como base alguns pilares principais do estudo da Psicologia Positiva, como o estudo das emoções positivas em relação ao passado, presente e futuro, o estudo das forças e virtudes e as instituições positivas (Imagem 1). Também abordei os principais fatores que contribuem para o bem-estar. Relacionei esses principais pilares com o trabalho de Coaching, focando no alcance das metas, aumento do bem-estar e consequentemente a alta performance nas diferentes áreas da vida.

Geralmente, escutamos mais o termo performance para o trabalho, porém utilizo essa palavra na minha atuação no Coaching de Psicologia Positiva com um sentido mais amplo, para enfatizar a performance na vida, pois nela não buscamos somente alta performance profissionalmente, mas também na saúde física e emocional, nos relacionamentos, nas áreas espiritual, financeira e mental. Sabemos que, se não estamos performando bem em uma área da vida, essa vai influenciar as outras dimensões.

```
                    ┌─────────────────┐
                    │ Pilares de estudo│
                    │  da Psicologia   │
                    │     Positiva     │
                    └─────────────────┘
```

| Emoções Positivas – Passado, presente e futuro | Estudo dos traços e qualidades – Virtudes e forças | Estudo das instituições positiva |

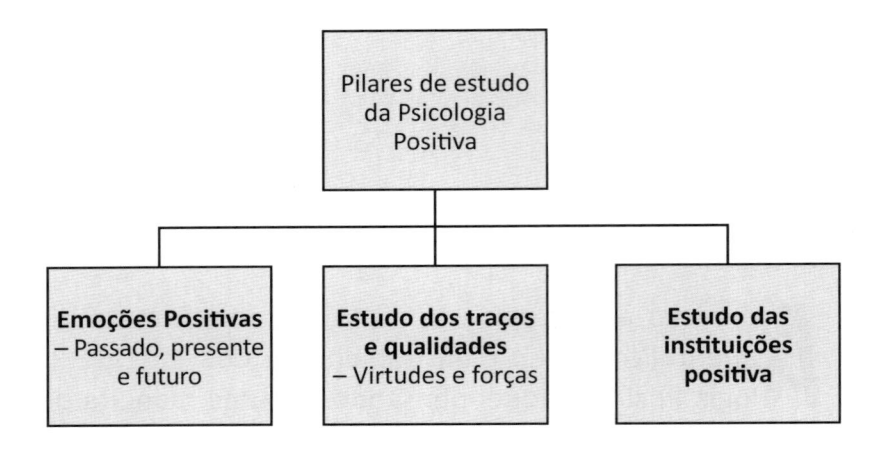

Imagem 1 – Pilares da Psicologia Positiva

Para Biswas-Diener e Dean (2007), as intervenções de Psicologia Positiva "são técnicas cognitivas e comportamentais para as quais há evidências de conexão com o florescimento humano, particularmente o aumento do bem-estar". E você vai poder notar na subdivisão do próximo capítulo, quando descrevo o tópico de como o Coaching de Psicologia Positiva favorece o autoconhecimento dos seus clientes, que vou abordar, principalmente, intervenções positivas e instrumentos de avaliação, as virtudes, forças, significado, propósito, motivação, perguntas e reflexões positivas, empatia e *mindfulness*; focos importantes das pesquisas da Psicologia Positiva que demonstram ter influência no processo de autoconhecimento e bem-estar das pessoas.

Também vai poder observar que irei focar em como o Coaching de Psicologia Positiva utiliza o passado para favorecer a mudança comportamental. Esse tópico vai totalmente ao encontro do que a Psicologia Positiva aborda sobre o estudo das emoções positivas em relação ao passado e a força da gratidão com seus enormes benefícios para o bem-estar das pessoas, explanando ainda as experiências de sucesso do passado, os obstáculos e estratégias para lidar com os desafios.

No tópico seguinte, veremos como o Coaching de Psicologia Positiva aborda o presente para favorecer mudança comportamental. Essa parte remete ao que a Psicologia Positiva se refere sobre as emoções positivas em relação ao presente, o *savoring*, que defende que precisamos saborear o presente momento para o aumento do nosso bem-estar, esclarecendo ainda sobre *mindfulness* e *flow*.

Posteriormente, chegaremos a como o Coaching de Psicologia Positiva aborda o futuro para favorecer mudança comportamental e vou incluir o que a Psicologia Positiva descreve sobre emoções positivas relacionadas ao futuro. Nessa parte, o foco vai ser no estabelecimento da visão, metas, otimismo, esperança e como esses aspectos favorecem a mudança de comportamento, aumento do bem-estar e consequentemente a alta performance.

Por último, o foco vai ser nos principais elementos da Teoria do Bem-estar – Emoções Positivas, Engajamento, Relacionamentos, Realização e Significado (SELIGMAN, 2011) e como o Coaching de Psicologia Positiva utiliza cada um desses pilares no processo de mudança de comportamento e aumento do bem-estar.

Na imagem 2 a seguir, resumidamente, estão os principais aspectos que levo em conta no meu trabalho de Coaching de Psicologia Positiva e com os quais vejo resultados muito eficazes no processo de mudança comportamental, para os indivíduos alcançarem um bem-estar elevado e alta performance nas diferentes dimensões de suas vidas.

Psicologia Positiva aplicada ao Coaching

Abordando o passado
– Gratidão
– Reconhecimento de Experiências positivas do passado
– Reconhecimento dos obstáculos e estratégias para lidar

Autoconhecimento
– Intrumentos de avaliação
– Perguntas e Reflexões Positivas
– Identificação de motivações, significado e propósito
– Empatia
– Mindfulness

Abordando o futuro
– Visão "Melhor eu"
– Metas
– Benefícios dos comportamentos/esperança

Abordando o presente
– Savoring
– Mindfulness
– Flow

– **Aumento no engajamento e alcance das metas**

– **Mudança eficaz de comportamentos**

– **Aumento do Bem-Estar**

– **Alta Performance**

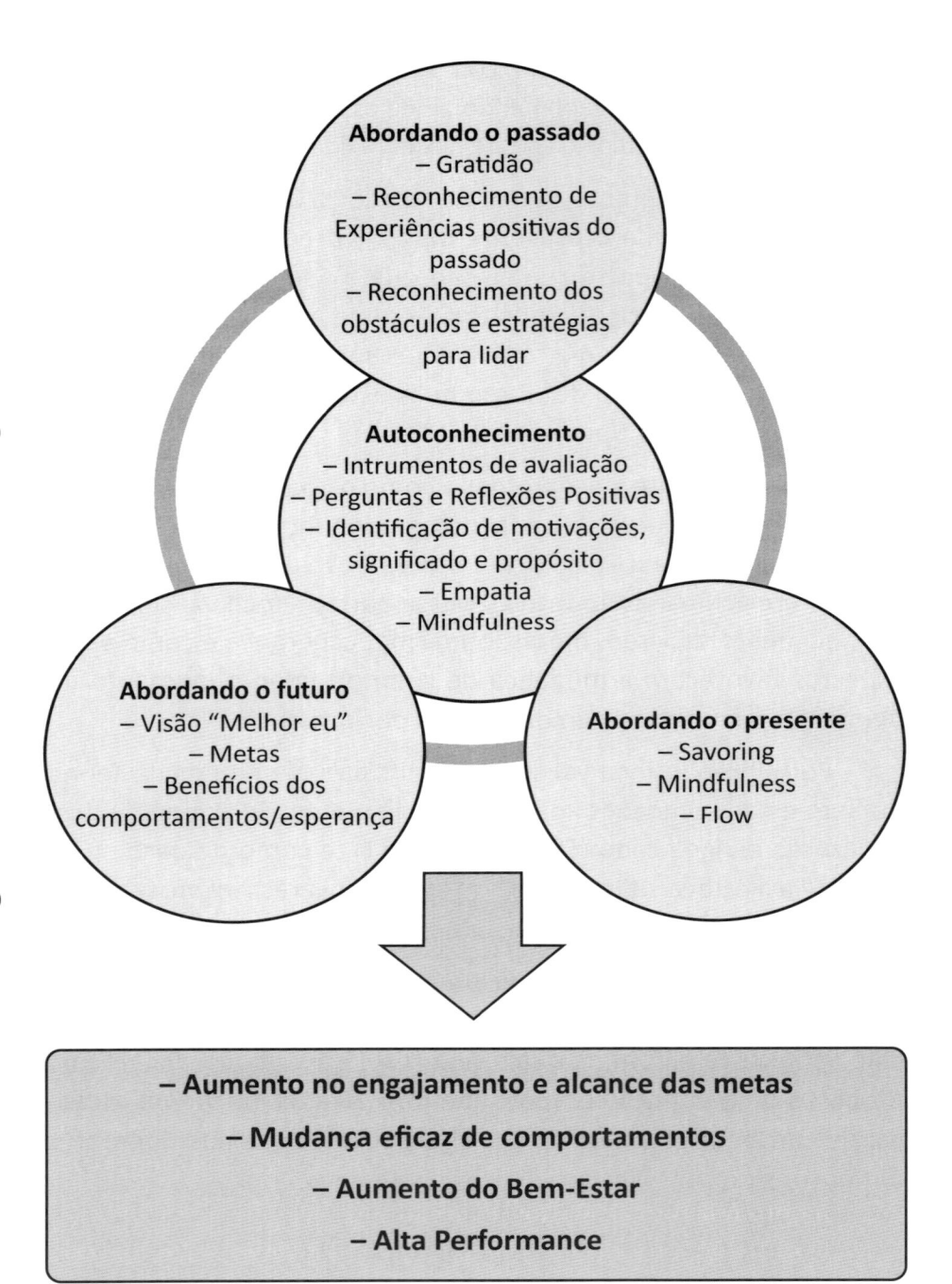

Imagem 2 – Modelo do Coaching de Psicologia Positiva – Daniela Levy

O objetivo deste capítulo "Coaching de Psicologia Positiva para alta Performance" com foco na metodologia que utilizo é diminuir a distância entre a ciência e a prática, possibilitando a compreensão mais detalhada de como atuo no processo de mudança comportamental.

Coaching de psicologia positiva e autoconhecimento

As pessoas, no geral, são carentes de autoconhecimento e não sabem como desenvolver o seu potencial ótimo para conseguir aumentar o bem-estar e atingir as suas metas.

A autoconsciência refere-se à capacidade de o indivíduo identificar como está se sentindo e expressar esses sentimentos. A habilidade de monitorar as emoções e pensamentos é a chave da inteligência emocional e ajuda o indivíduo a gerenciar seus comportamentos, ter mais autocompaixão e mais perspectivas, segundo Goleman (2005).

O Coaching de Psicologia Positiva possibilita o reconhecimento das qualidades, forças, virtudes e habilidades dos indivíduos, criando no dia a dia a possibilidade para que coloquem em prática esses recursos que contribuem com o autoconhecimento e aumento da performance.

Também é de fundamental importância favorecermos o reconhecimento do propósito de nossos clientes, o que é importante e tem significado em suas vidas e como esse propósito se relaciona aos seus objetivos.

Outro aspecto importante de o coachee reconhecer é onde ele está atualmente em relação a diversas áreas da vida, e aonde ele quer chegar, assim como qual a distância entre esses dois pontos.

Esses aspectos-chaves do reconhecimento dos recursos positivos, do significado, propósito, de como o indivíduo está nas diferentes dimensões da vida e aonde ele quer chegar são fundamentais para o processo de mudança comportamental e alta performance.

Acredito serem bastante eficazes para auxiliar nesse processo de autoconhecimento algumas ferramentas, instrumentos e temas fortes do Coaching de Psicologia Positiva como os que especifico a seguir.

Avaliação das forças e virtudes

O *assessment* das forças de caráter e das virtudes, como já apontado nesta obra, o VIA Survey, pode ser usado pelo coach para auxiliar o coachee a reconhecer e aplicar suas forças de caráter mais intensas ou de assinatura em sua vida diária, tendo como objetivo o alcance de metas e mudança de comportamento.

O reconhecimento e uso das forças de caráter melhoram a autoestima, autoeficácia, desempenho e aumentam a criatividade e resiliência para lidar com as adversidades. (PETERSON & SELIGMAN, 2004)

O VIA Survey avalia as 24 forças principais e o resultado irá fornecer na ordem decrescente em intensidade as suas forças de caráter. As primeiras são as mais ¨fortes¨ que você possui. É importante levar em conta as cinco primeiras forças e refletir como você as está utilizando no seu dia a dia, como também pensar em estratégias que pode utilizar para aumentar o uso de outras forças que possam ser importantes para a vida do coachee.

Às vezes também, dependendo do tempo que tenho com o cliente na sessão, coloco cartilhas com os nomes e breve descrição das forças de caráter para a própria pessoa selecionar aquelas com as quais mais se identifica e o coachee explica posteriormente o motivo das escolhas, assim como situações em que já precisou utilizá-las. Depois, sugiro que faça o *assessment* VIA Survey para comparar o resultado e avaliar o seu grau de autoconhecimento relacionado às forças.

Importância e satisfação

O cliente e o coach precisam saber qual a importância e qual o grau de satisfação que o indivíduo dá para cada área da sua vida. Costumo pesquisar e registrar uma nota (de 0-10) para as diferentes dimensões da vida do coachee. Podemos colocar as áreas que gostaríamos de avaliar, por exemplo: relacionamentos, lazer, saúde, financeiro, profissional, exercício, alimentação, peso etc.

Essa intervenção é positiva, pois possibilita a reflexão sobre as suas diferentes dimensões da vida e esse contraste que, muitas vezes, aparece de alguma área que seja muito importante para a pessoa (a que ela atribuiu nota 10, por exemplo), mas a satisfação nessa mesma área é muito baixa (a que ela atribuiu nota 4, por exemplo). Com certeza, essa dimensão que é importante para o indivíduo e em que ele não demonstra satisfação está influenciando de maneira negativa seu bem-estar e provavelmente vai ser uma meta que vai escolher para trabalhar nas sessões de Coaching.

Pizza

Peço ao cliente para que olhe a imagem a seguir (imagem 3) como se fosse uma pizza e indique a importância relativa das áreas, fazendo tamanho maior nas "fatias" para as áreas da vida que ele vê como muito importantes e fatias menores para as menos importantes.

Solicito ao coachee que escreva o nome de cada fatia considerando qualquer uma das seguintes áreas de sua pizza: saúde, autoestima, valores, vida espiritual, financeiro, profissional, aprendizagem, criatividade, ajuda, amor, amigos, filhos, família, exercício, alimentação. O cliente pode sentir-se livre para adicionar mais fatias que não estão nesta lista.

Após as partes da pizza estarem prontas eu peço ao coachee que pense em estratégias para usar mais o tempo em atividades que refletem suas verdadeiras prioridades. Esse exercício também aumenta a capacidade do coachee de refletir como está nas diferentes dimensões, assim como nas suas prioridades, ampliando portanto o seu autoconhecimento.

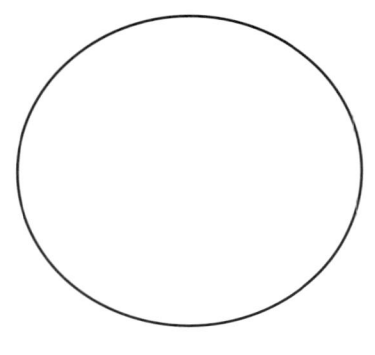

Imagem 3 – Pizza

Roda da Vida

Também utilizo muito a roda da vida (imagem 4) para aumentar o autoconhecimento e entender como os coachees estão nas diferentes áreas da vida.

Cada esfera deve ser avaliada atribuindo-se uma pontuação de 0 a 10 (ou de 0 a 100%) que reflita o quanto o avaliado está satisfeito com a área em questão.

Depois de mapeadas todas as áreas, analisa-se a roda da vida resultante.

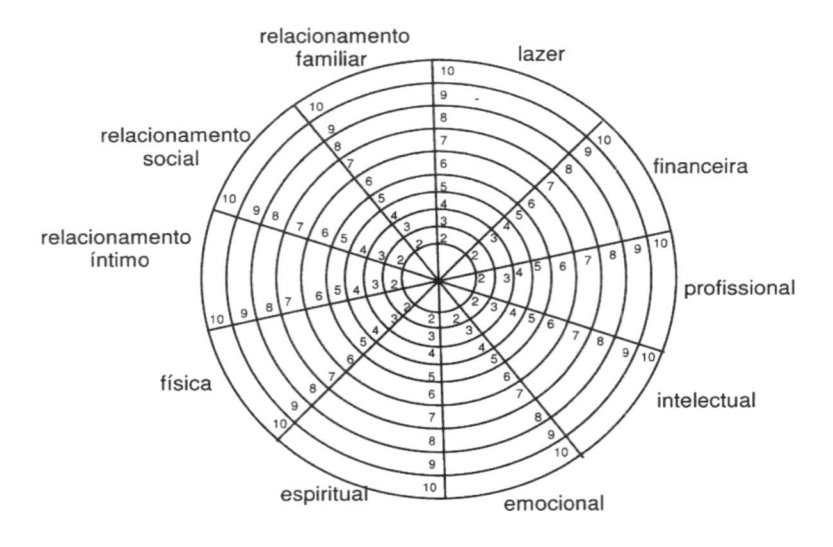

Imagem 4 - Roda da Vida

São muitas as ferramentas que podem auxiliar o coachee a entender como ele está nas diferentes dimensões de sua vida, mas é importante sempre reforçar que é o cliente que vai determinar as suas metas e não o coach. O profissional vai auxiliar com ferramentas adequadas a identificar as áreas que o indivíduo gostaria de trabalhar, as suas motivações e irá acompanhar o cliente nesse processo.

Sempre faço a seguinte comparação: o coachee vai guiar e o coach vai ser o farol do carro que irá iluminar o caminho.

Autoeficácia

A autoeficácia pode ser definida como a crença das pessoas em sua capacidade de produzir efeitos desejados por meio de suas próprias ações e comportamentos (BANDURA, 1997). Já para Maddux (2002), a autoeficácia refere-se àquilo que a pessoa acredita poder fazer com suas habilidades em determinadas circunstâncias.

Gosto muito que o cliente avalie como está a sua autoeficácia nas diferentes áreas da vida (também dando uma nota de 0-10). Sempre peço para o coachee justificar a nota, pois assim ele consegue refletir se é essa mesmo a nota, aumentando o seu autoconhecimento e nós profissionais podemos entender um pouco mais sobre a confiança do coachee nas várias dimensões.

O ideal é o cliente começar a trabalhar com metas nas áreas mais importantes para ele, que ele esteja motivado e que a autoeficácia seja razoavelmente elevada, pois as chances de sucesso serão maiores.

Avaliação da Autoeficácia

Áreas da vida	Nota Autoeficácia (0-10)	Justificativa

Perguntas e reflexões positivas

As perguntas e reflexões positivas fazem com que os nossos clientes foquem mais no positivo e nas experiências de sucesso. Elas elevam a autoeficácia, diminuem a resistência para o processo de mudança comportamental e ampliam a autoconsciência dos aspectos positivos do indivíduo. É importante sempre reforçarmos o que está certo, o que o cliente conseguiu fazer e não o que está errado, ou o que ele não conseguiu fazer.

Por meio das reflexões positivas, o cliente também desenvolve a capacidade de se ouvir, ouvir a sua voz interna, pois muitas vezes falamos e não nos ouvimos.

> *"As perguntas sempre nos direcionam para algum lugar. Geralmente quando realizadas de maneira positiva vão nos levar a uma resposta positiva, fazendo com que o nosso foco seja no positivo."* Daniela Levy

Motivações, propósitos e significados

Identificar motivações, propósitos e significados são de fundamental importância para ampliar o autoconhecimento dos nossos coachees, com o objetivo de favorecer o alcance das metas e aumento do bem-estar.

Os motivadores nem sempre são fáceis de serem percebidos. Saber o que queremos na vida não é tão fácil. As pessoas confundem muito o que os outros querem e desejam, o que esperam dela com aquilo que elas querem e desejam da vida.

Nós, coaches, podemos auxiliar os nossos clientes a identificar um propósito de vida, saber aonde querem chegar e o que os motiva para alcançar os seus desejos.

Costumo pedir para o cliente descrever as suas metas, identificar o que tem de comum por trás das suas metas com aquilo a que dá valor e como isso se conecta com suas metas. Questiono também sobre qual o legado mais importante que ele gostaria de deixar para as pessoas que mais ama na vida.

Exercício do significado e propósito

Descreva suas metas.

_____

_____

O que tem por trás ou em comum analisando as suas metas?

_____

_____

Ao que você dá valor na sua vida e como isso se conecta às metas?

_____

_____

Qual o legado mais importante que você pode deixar para pessoas importantes da sua vida?

_____

_____

Empatia

Nós não vamos olhar para o cliente avaliando-o, julgando-o, comparando-o. A relação é banhada de empatia, sempre buscando entender o que o outro sente e quais as necessidades do coachee. Precisamos permitir, com essa relação positiva, que o cliente seja humano, possibilitando no processo de Coaching de Psicologia Positiva uma dose certa de apoio e provocação, sempre alinhando os desafios com as habilidades e nível de confiança do cliente.

Com uma relação empática, podemos favorecer que o cliente seja ele mesmo, amplie o seu autoconhecimento e sucessos, pois também é por meio das relações que estabelecemos que podemos favorecer o desenvolvimento do coachee.

"Ser empático é ver o mundo com os olhos do outro e não ver o nosso mundo refletido nos olhos dele." Carl Rogers

Mindfulness

Praticar *mindfulness* amplia a consciência e possibilita enxergarmos mais alternativas e caminhos pela frente. A vantagem do *mindfulness*, além dos diversos benefícios à saúde física e mental, é fazer com que o coachee não fique focado nos aspectos negativos do passado (no que não conseguiu fazer), ou no futuro (angustiado se vai conseguir, ou já visualizando desafios), mas sim ficar no presente momento. Ele deve estar focado no aqui e agora e com sua energia nas metas e estratégias para alcançá-las e mantê-las.

É frequente o coach ficar pensando na próxima pergunta que vai fazer, na sua manhã, no que vai fazer depois e/ou se distrair com estímulos externos. Por isso é muito importante o coach também praticar o *mindfulness* para ter uma escuta ativa acerca do que o cliente realmente está trazendo, possibilitando que ele entenda os sentimentos e necessidades do coachee.

Há sessões em que trabalhamos o *mindfulness* e às vezes a atenção plena pode ser uma das metas estipuladas pelo cliente. Podemos praticar pedindo para o cliente prestar atenção em sua respiração, inspirando e expirando bem devagar e/ou pedindo para o cliente prestar atenção nas diferentes partes do seu corpo. São várias as técnicas que podem ser utilizadas, mas o objetivo é sempre ampliar a capacidade do nosso coachee de focar no presente momento.

Mais adiante, quando abordar as emoções positivas referentes ao presente momento vou descrever o *mindfulness* novamente, pois essa prática, além de contribuir para o processo de autoconhecimento, pode elevar as emoções positivas referentes ao presente momento e contribuir para o bem-estar.

Feitas essas indicações iniciais sobre alguns temas, instrumentos e intervenções da Psicologia Positiva, agora seguem pontos importantes sobre o passado do coachee.

A abordagem do passado no Coaching de Psicologia Positiva para promover a mudança comportamental

Gratidão e reconhecimento de experiências positivas do passado

Algo que favorece muito a mudança comportamental é ser grato pelos acontecimentos positivos do passado. Quando o indivíduo consegue identificar e valorizar experiências do passado em que ele conseguiu fazer algo, ele se sente empoderado, aumentando assim a sua autoeficácia em relação a determinado comportamento.

Costumo resgatar bastante nas sessões e pedir para o cliente contar com detalhes suas experiências de sucesso vinculadas às metas que estão sendo trabalhadas. Questiono sobre o que potencializou ou fez com que essas experiências de sucesso acontecessem (quais foram as pessoas e ambientes que auxiliaram). Aqui acho importante também investigar sobre os sentimentos dos clientes na época em que essas experiências positivas aconteceram e pedir que ele conte em detalhes.

Ao invés de perguntar também sobre como foi a semana que passou, ou "você conseguiu realizar as suas metas da semana passada?", é mais eficaz para o processo de Coaching de Psicologia Positiva perguntar, por exemplo:

Liste três acontecimentos positivos em relação às suas metas da semana passada.

_____

_____

_____

O que causou esses três acontecimentos positivos em relação às metas?

_____

_____

_____

O que você poderia fazer para que esses acontecimentos positivos em relação as suas metas ocorressem mais?

_____

_____

_____

Na Psicologia Positiva, a intervenção sobre as Três Bênçãos, ou Três Coisas Boas da Vida que aconteceram no seu dia, é muito utilizada e benéfica. Peço aos clientes para que antes de irem dormir escrevam três coisas positivas que aconteceram no seu dia e depois pensem sobre o motivo pelo qual essas coisas aconteceram e o que poderiam fazer para repetir esses acontecimentos no futuro. (SELIGMAN et al., 2005)

"A gratidão eleva, energiza, inspira e transforma." Robert Emmons

Os estudos científicos de Emmons (2008) constataram que as pessoas gratas possuem níveis mais elevados de emoções positivas, por exemplo, alegria, entusiasmo, amor, felicidade e otimismo e, com isso, os estudos revelam que elas se tornam mais criativas, prestativas, caridosas, autoconfiantes, têm mais autocontrole e capacidade de superação, pois ficam mais protegidas dos sentimentos negativos como inveja, ressentimento e ganância. Com a gratidão, notamos mais aspectos positivos na vida e aumentamos a formação das boas experiências na memória, o que é muito favorecedor ao coachee.

Reconhecimento dos obstáculos e estratégias

Em relação aos obstáculos, considero ser importante não focar neles, mas podemos utilizá-los a favor do processo de mudança comportamental. O cliente costuma trazer desafios e obstáculos e precisamos entender quais foram esses obstáculos, o que os causou e como o cliente pode lidar com eles para tentar evitar que ocorram, com estratégias.

Obstáculos

Liste os obstáculos	O que os causou?	Estratégias para lidar com obstáculos

A abordagem do presente no coaching de psicologia positiva para promover a mudança comportamental e bem-estar

Entre as intervenções da Psicologia Positiva utilizadas no Coaching estão o *savoring* (BRYANT & VEROFF, 2007), *mindfullness* (KABAT-ZINN, 2015), a Empatia, que, segundo Biswas-Diener (2007), merece atenção pela importância para o sucesso de diversas intervenções, e o *flow* (CSIKSZENTMIHALYI, 2008), entre outras.

Savoring

No Coaching, o *savoring*, ou saborear, dá âncora para a consciência (ficar "presente" no momento, o que causa prazer, e nas emoções positivas, em vez de se distrair com aspectos negativos em relação ao passado ou preocupação sobre o futuro). Saborear o presente aumenta as emoções positivas e auxilia na mudança de comportamento. (BRYANT & VEROFF, 2007)

À medida que focamos mais nas avaliações positivas das situações podemos sentir algum controle sobre nós e isso aumenta nossa resiliência.

Quando criamos uma espiral ascendente de emoções positivas e experiências positivas, temos benefícios em inúmeras áreas (saúde, bem-estar, produtividade, relacionamentos...).

O foco nas emoções e experiências positivas amplia a consciência do indivíduo, tornando-o mais criativo, aumenta as possibilidades para a mudança de comportamento e para lidar com situações difíceis ou obstáculos.

Tudo isso, faz com que o *savoring* seja grandiosamente favorável ao Coaching, na medida em que favorece o bem-estar dos coachees.

Flow

O *flow* ocorre sempre que o desafio e as habilidades são elevados e equivalentes. Segundo Achor (2012), no entanto, os melhores momentos de estado de *flow* acontecem quando se tem empenho para realizar metas por esforço voluntário, que sejam difíceis a ponto de desafiar nossas habilidades. Se o desafio for menor que nossa habilidade, haverá sensação de tédio na tarefa. Já quando tivermos um desafio muito além de nossa capacidade, tenderemos a sentir um estado de estresse e ansiedade perante a tarefa.

Para que vivenciemos experiências de *flow* é preciso ter metas claras e específicas e partir para a ação, visando não apenas a realização pela conclusão, mas o caminho rumo ao sonho desejado.

Em função disso, busco que o meu coachee, ao lidar com suas metas ao longo do processo de Coaching, identifique em que situações ele consegue experimentar o *flow*, pois com isso tenho a certeza de que ele será favorecido no desenvolvimento e eficácia do processo.

Mindfulness

> *"Quando você medita, sua mente se aquieta e você passa a enxergar muito mais do que enxergava antes. É uma disciplina, você tem que praticar."* Steve Jobs

Como já abordado anteriormente, *mindfulness* é uma prática que ensina as pessoas a viver com maior presença, abertura e autenticidade. Ele se encaixa com a proposta das intervenções em Coaching de Psicologia Positiva, pois mantém o foco do cliente no presente momento, evitando que se distraia pensando nos aspectos negativos do passado ou tenha ansiedades referentes ao futuro, o que é muito comum em nossa vida, principalmente quando estabelecemos metas. O *mindfulness* auxilia na promoção do florescimento, na vivência de maior bem-estar e sucesso no alcance das metas.

A prática de *mindfulness* contribui para aumentar a flexibilidade mental, nossa atenção e consciência para acessarmos os nossos recursos internos. O objetivo é promover o aprendizado e o crescimento. Praticar *mindfulness* facilita enxergarmos as diversas possibilidades (amplia a consciência) de escolha à nossa frente.

Como já vimos no Capítulo 2, o *mindfulness* tem muito a acrescentar ao Coaching e na minha abordagem sempre lanço mão dessa vivência, a fim de alinhar o *coachee* com seu momento presente e usufruir com bem-estar da trajetória de sua meta e não apenas de seu resultado.

A abordagem do futuro no Coaching de Psicologia Positiva para promover a mudança comportamental e bem-estar

O Coaching usa a imaginação para evocar positividade, o que facilita o alcance de metas. Imaginar o futuro cria novos circuitos neurais e antecipação dos benefícios, aumentando a capacidade de seguir metas. Antecipar recompensas futuras pode ativar o centro de prazer em seu cérebro tanto quanto viver o evento real.

Visão

No processo de Coaching, estabelecer uma visão de aonde aquele indivíduo quer chegar em relação ao seu ideal e ou ao seu "melhor eu", como também o estabelecimento de metas vinculadas as suas motivações e desejos, facilita o processo de mudança comportamental.

Uma intervenção também desenvolvida e que já teve desdobramento é chamada de "Melhor Eu Possível" (KING, 2001), e foi denominada em outra versão de aplicação como "Melhor Eu Futuro Possível" (LAYOUS, NELSON, LYUBOMIRSKY, 2012). Essas intervenções são voltadas para estimular o pensamento otimista.

Sugiro para os *coachees* desenharem e ou descreverem em detalhes como eles se veem no seu melhor eu, como se fossem entrar em uma máquina do tempo e viajassem para o futuro. Como gostariam de estar.

"Otimismo sobre o futuro aumenta o bem-estar e motiva os indivíduos para caminharem em direção ao futuro desejado."

Metas

Aqui é importante salientar que as metas não podem nem ser muito fáceis (pois fica monótono para o cliente) nem muito difíceis (pois o cliente fica ansioso, pode não conseguir alcançar e isso diminui a sua autoeficácia). É preciso haver um equilíbrio entre desafios e habilidades.

Considero importante aqui, quando escrevo sobre metas, mencionar o *flow*, pois também auxilia o aumento do desempenho em relação às metas e aumento do bem-estar.

A definição de metas é de grande valia para favorecer experiências de fluxo. Segundo Ben-Shahar (2007), quem estabelece metas são provavelmente pessoas que atingem o sucesso e esse pode ser o diferencial das que não o fazem.

As metas, segundo Ben-Shahar (2007), exercem o papel de

nos liberar para que possamos desfrutar do momento aqui e agora, pois se sairmos por aí sem rumo definido é provável não conseguirmos alcançar nossos objetivos. Se não sabemos para onde vamos, toda opção que aparecer pode se tornar um fator de ansiedade e confusão.

Daí também a importância de se estabelecer metas SMART.

Metas Smart
Specific (Específica)
Measurable (Mensurável)
Attainable (Alcançável)
Relevant (Relevante)
Time Based (Temporal)

Para trabalhar esse futuro, questiono ao cliente como ele se imagina no seu ideal ou na melhor versão de si mesmo e peço para ele contar detalhes sobre a imagem que ele visualiza. Nesse momento, geralmente consigo perceber uma mudança de energia, os olhos brilharem e um certo entusiasmo do cliente. Também pergunto sobre os detalhes das metas de médio e curto prazo para auxiliá-lo no processo de estabelecer metas SMART.

Sobre metas, Lyubomirsky (2007) afirma que escrever sobre os planos do dia seguinte e se imaginar cumprindo-os ajuda na sua realização.

As metas ajudam a organização da vida do nosso *coachee*. Elas servem para motivar, estruturar o tempo, ações e decisões. Noto claramente nos atendimentos de meus clientes que trabalhar com metas dá um senso de significado e realização, isso empodera e estimula o *coachee* a seguir adiante na sua jornada de mudança comportamental.

Benefício dos comportamentos / esperança

Considero importante também, quando focamos nos comportamentos desejados em relação ao futuro, questionar o cliente sobre os benefícios desses comportamentos. Ele precisa enxergar e sentir os benefícios dos comportamentos desejados para realizar a mudança comportamental e caminhar em direção às suas metas.

Comportamentos desejados e benefícios

Comportamentos desejados	Os benefícios desses comportamentos

O pensamento esperançoso é abordado por Snyder (2000), em sua Teoria da Esperança, a qual defende que a esperança é um agente facilitador da mudança. É fundamental saber aonde se quer chegar e o que se quer atingir. Esse pensamento tem de ser uma decisão interna clara e de grande importância para a vida da pessoa.

Costumo questionar os clientes sobre o quanto a visão e metas são importantes para eles. Se não for importante, a chance de sucesso é mínima.

A Teoria da Esperança de Snyder (1994) define a esperança como pensamentos baseados em caminhos, a capacidade de encontrar caminhos que levam aos objetivos desejados e agência: motivações e iniciativas que refletem o investimento necessário de energia para o desempenho nos caminhos escolhidos para atingir os objetivos.

Com essa teoria em mente, favoreço juntamente com o *coachee* a criação de rotas para atingimento de suas metas, nutrindo-os com motivação para a realização de seus objetivos.

Elementos da teoria do bem-estar e coaching de psicologia positiva

Os elementos da Teoria do Bem-Estar que influenciam no bem-estar e performance das pessoas, listados a seguir, têm total relação com o trabalho de Coaching de Psicologia Positiva para facilitar o alcance das metas.

> **Elementos da Teoria do Bem-Estar**
>
> **P** – *Positive Emotion (Emoção Positiva)*
>
> **E** – *Engagement (Engajamento)*
>
> **R** – *Relationship (Relacionamentos)*
>
> **M** – *Meaning (Significado)*
>
> **A** – *Accomplishment (Realização)*
>
> Adaptado do livro Florescer – Uma nova Compreensão sobre a Natureza da Felicidade e Bem-Estar, de Martin E. P Seligman, 2011

Como esses elementos do Bem-Estar se conectam às metas dos nossos coachees

Emoções Positivas

Como descrito já neste capítulo, as emoções positivas referentes ao passado, presente e futuro influenciam no aumento da autoeficácia e no alcance das metas.

Engajamento

Quando o *coachee* está engajado no processo de mudança comportamental e em suas metas, tem mais possibilidade de sucesso de conseguir atingi-las e continuar no caminho para alcançar o seu "melhor eu".

Relacionamentos

As conexões sociais, os modelos e reforços positivos influenciam no bem-estar e também no alcance das metas. É importante aqui ressaltar que esses modelos precisam ser pessoas que inspiram e com quem o cliente se identifique de forma positiva e as conexões sociais também precisam ser positivas.

Significado

Quando o cliente identifica o que é importante para ele e conecta isso às suas metas, a possibilidade de sucesso é muito maior. O *coachee* precisa ampliar o seu autoconhecimento e entender qual o propósito de sua vida.

Realização

O que o cliente consegue realizar na vida, as suas experiências de sucesso e o reconhecimento dessas realizações aumentam a autoeficácia e auxiliam no alcance também das metas.

Conclusão

O foco principal do meu trabalho no Coaching de Psicologia Positiva é o autoconhecimento, a abordagem do passado, presente e futuro para um maior engajamento no alcance das metas e mudança eficaz de comportamento, visando o aumento do bem-estar e da performance do cliente nas diferentes dimensões de suas vidas. É preciso lembrar sempre que uma área da vida influencia a outra, pois somos seres humanos integrados e que precisamos levar em conta a individualidade de cada pessoa neste processo de mudança.

Se uma pessoa deseja, portanto, modificar suas reações diante de determinados eventos ou até mesmo da vida, o processo pelo qual ela precisará passar para adquirir novas formas de pensar e agir inclui, inevitavelmente, conhecer melhor a si própria, identificar limites e fraquezas, reconhecer seu potencial, qualidades e acima de tudo seus valores, ou seja, o que realmente a satisfaz. Nenhuma mudança comportamental que não esteja pautada nisso será efetiva e sustentável.

E isso é o que meus *coachees* vêm conseguindo ao longo dos anos.

CONCLUSÃO

Capítulo 5

Andréa Perez
Daniela Levy

Chegar ao final desta obra é concluir uma iniciativa que sempre nos cativou ao longo de nossas histórias como coaches com uso da Pisoclogia Positiva.

Nossa paixão pelas duas temáticas fez com que desejássemos tornar público nosso conhecimento sobre a aplicação da Psicologia Positiva no Coaching, de forma a favorecer mais profissionais e mais coachees.

Sabemos que estamos longe de abraçar tudo que é possível nesse *setting* de desenvolvimento humano, que vem tomando o mundo a cada ano que passa e ajudando na melhoria do bem-estar de muitas pessoas.

Nossa proposta sempre foi de não apenas entregar aos coaches nossas experiências e modelos que criamos ao longo dos anos mas também de contribuir para que o Coaching possa manter-se no mercado com a credibilidade que merece, por se tratar de um processo que promove o empoderamento das pessoas, o atingimento de seus desejos, a melhoria de suas relações interpessoais, a sua satisfação com a vida e tudo que objetiva como tangível.

Acreditamos que, ao final desta obra, se tenha desnudado o imenso universo da Psicologia Positiva e sua aplicabilidade no processo de Coaching, como um fio condutor da possibilidade do florescimento humano, numa jornada usufruída passo a passo com felicidade e bem-estar até a conclusão de suas metas.

Uma das mensagens que gostaríamos que você levasse é que

O Coaching de Psicologia Positiva, resultado da junção do Coaching com a Psicologia Positiva, tem como premissa que todos os seres humanos e empresas podem se desenvolver e florescer e a chave para esse processo é o autoconhecimento, o foco nas emoções positivas, os relacionamentos positivos, o engajamento, as realizações e o sentido, além de utilizar de maneira ética e responsável os vários conceitos, teorias, metodologias e ferramentas abordadas nos capítulos anteriores.

Outro ponto importante a destacar é que o Coaching está desenvolvendo uma fundação teórica científica cada vez mais sólida e tem crescido de maneira alarmante nos últimos anos. Com tantas novas pesquisas empíricas, o Coaching de Psicologia Positiva terá cada vez mais um papel fundamental em ajudar as pessoas e empresas a atingirem suas potencialidades máximas, numa concepção nutrida por abordagens com foco na felicidade humana e nas características positivas dos indivíduos.

Vale ressaltar que somos potencialmente incapazes de viver uma vida realizando mudanças positivas e com florescimento nos comportando no dia a dia de maneira incongruente com nossos reais valores. Ainda que jamais os conheçamos, eles estão lá e a todo momento são responsáveis pelas escolhas que fazemos, esteja isso claro ou não. E, por isso, esperamos que este livro leve os leitores a refletirem e compreenderem a seriedade e responsabilidade do Coaching de Psicologia Positiva, buscando formações sérias, assim como a praticarem, inicialmente, os conhecimentos em suas vidas e que, somente posteriormente, possam auxiliar outras pessoas no processo de transformação e bem-estar, sendo, portanto, multiplicadores do florescimento.

Desejamos que, ao final desta leitura, você decida tomar atitudes para estar junto conosco nessa jornada desafiadora, mas, acima de tudo, maravilhosa de ser um profissional de Coaching de Psicologia Positiva.

Felicidade a você nessa nova jornada.

REFERÊNCIAS

CAPÍTULO 6

Capítulo 1 | O que é Coaching? | Andréa Perez

BEHAVIORAL COACHING INSTITUTE – How Behavioral Coaching is being used today. 2004. Adapted from the book *Behavioral Coaching*, by Skiffington and Zeus. 2013. Disponível em: http://www.behavioral-coaching-institute.com/Behavioral.Coaching.html. Acesso em: 23 de abril de 2013.

BISWAS-DIENER, Robert; DEAN, Ben. *Positive Psychology Coaching*. Putting Science of Happiness to Work for your Clients. Hoboken, NJ: John Wiley & Sons, Inc., 2007.

DE PAULA, Maurício. *A Arte do Coaching*. Por uma vivência de 10.000 horas. São Paulo: All Print Editora, 2011.

DILTS, Robert. PNL e Coaching com C Maiúsculo. In: LAGES, Andrea; O'CONNOR, Joseph. *Como o Coaching Funciona*. O Guia Essencial para a História e Prática do Coaching Eficaz. Rio de Janeiro: Qualitymark, 2010.

DINSMORE, Paul; SOARES, Monique Cosendey. *Coaching Prático*: o caminho para o sucesso. Modelo Pragmático e holístico usando o método Project-based Coaching. Rio de Janeiro: Qualitymark, 2011.

DOLAN, Simon L. *Coaching por Valores*. Um guia para o sucesso na vida dos negócios e no negócio da vida. Lisboa: Book 7, 2012.

DUTRA, Eliana. *Coaching*. O que você precisa saber. Rio de Janeiro: Qualitymark, 2010.

EXAME. DINO. Coaching cresce mais de 300% no país, movimenta milhões e atrai profissionais que buscam se reinventar. Publicidade Corporativa. Revista Exame. Disponível em: https://exame.abril.com.br/negocios/dino/coaching-cresce-mais-de-300-no-pais-movimenta-milhoes-e-atrai-profissionais-que-buscam-se-reinventar/ Acesso em: 10 de setembro de 2019.

GALLWEY, Timothy. *Apostila The Inner Game Basics para Coaches & Líderes*. The Inner Game International School. 2013.

GALLWEY, W. Timothy. *O Jogo Interior de Tênis*. São Paulo: Textonovo, 1996.

INSTITUTE OF COACHING AT MCCLEAN HOSPITAL. About Us. Disponível em: www.instituteofcoaching.org/index.cfm?pages=aboutus Acesso em: 22 de abril de 2013.

INTERNATIONAL COACHING FEDERATION – ICF. One ICF 2018 Annual Report. 2018. Disponível em: https://coachfederation.org/app/uploads /2019/07/ICF_2018AnnualReport.pdf. Acesso em: 10 de setembro de 2019.

INTERNATIONAL COACHING FEDERATION – ICF . *Why ICF*. Disponível em: https://coachfederation.org/ Acesso em: 10 de setembro de 2019.

INTERNATIONAL COACHING FEDERATION – ICF. *O que é Coaching?* Disponível em: www.Icfbrasil.org. Acesso em: 22 de abril de 2013.

KAUFFMAN, Carol. Da Psicologia Clínica para a Psicologia Positiva. In: LAGES, Andrea; O'CONNOR, Joseph. *Como o Coaching Funciona*. O Guia Essencial para a História e Prática do Coaching Eficaz. Rio de Janeiro: Qualitymark, 2010.

KAUFFMAN, Carol. In: Interview – The New Coaching Paradigm – *Queens Magazine* – Summer 2011.

LAGES, Andrea & O'CONNOR, Joseph. *Como o Coaching Funciona*. O Guia Essencial para a História e Prática do Coaching Eficaz. Rio de Janeiro: Qualitymark, 2010.

LAJOLO, Mariana. *Cresce procura por cursos de coaching, mas falta regulamentação.* (2018) Revista VEJA. Disponível em: https://veja.abril.com.br/economia/cresce-procura-por-cursos-de-coaching-mas-falta-regulamentacao/ Acesso em: 10 de setembro de 2019.

LEITE, Bernardo. *Coaching em Grupo*. Diferenças e Semelhanças. Disponível em: http://www.bernardoleite.com.br/bl/artigos.asp?cod_site=0&id_artigo=33&keyword=Coaching_em_Grupos Acesso em: 05 de março de 2013.

MEANING AND HAPPINESS. *Authentic Happiness Coaching*, Martin Seligman, and Ben Dean. 2008. Disponível em: http://www.meaningandhappiness.com/tag/authentic/ Acesso em: 22 de abril de 2013.

MOORE, Margareth. *How Coaching Works*: Positive Psychology. 2010 In: Life Chances. Disponível em: http://www.psychologytoday.com/blog/life-changes/201001/how-coaching-works-positive/psychology Acesso em: 22 de abril de 2013.

PHILIPS, Bill; ZUBLENA, Alessandro de Vitta. Coaching com o Novo Código da PNL. In: DOLAN, Simon L. *Coaching por Valores*. Um guia para o sucesso na vida dos negócios e no negócio da vida. Lisboa: Book 7, 2012.

POSITIVE PSYCHOLOGY COACHING INSTITUTE. *Positive Psychology Coaching*. Disponível em: http://www.ppci.ie/index.php/positive-psychology-coaching Acesso em: 22 de abril de 2013.

SELIGMAN, Martin E. P. *Florescer*. Uma Nova Compreensão sobre a Natureza da Felicidade e do Bem-estar. Rio de Janeiro: Objetiva, 2011.

SOCIEDADE BRASILEIRA DE COACHING. *Livro de metodologia do curso Personal & Professional Coaching*. São Paulo: 2009.

SO, Timothy T.C. *Positive Psychology Coaching Compared to Other Coaching*. 2009. Disponível em: http://positivepsychologynews.com/news/timothy-so/900909185407 Acesso em: 22 de abril de 2013.

STOBER, Dianne R.; GRANT, Anthony M. *Evidence Based Coaching Handbook* – Putting Best Practices to Work For Your Clients. Hoboken: John Wiley & Sons, 2006.

WHITMORE, John. *Coaching para Aprimorar o Desempenho*. Os princípios e a prática do coaching e da liderança. Desenvolvendo o potencial e o propósito humanos. São Paulo: Clio, 2012.

WHITMORE, John. *Coaching para Performance*. Aprimorando Pessoas, Desempenhos e Resultados. Competências Pessoais para Profissionais. Rio de Janeiro: Qualitymark, 2010.

Capítulo 2 | Coaching de Psicologia Positiva | Daniela Levy

AKHTAR, Muhammad. *Positive Psychology*: Self-help Strategies for Happiness, Inner Strength and Well-being. N.Y.: Konecky & Konecky, 2016.

AKHTAR, Muhammad. *Positive Psychology for Overcoming Depression*: Self help strategies for happiness, inner strenght and well being. Watkins Publishing LTD., 2012.

ARMSTRONG-STASSEN, M.; SCHLOSSER, F. Taking a positive approach to organizational downsizing. *Canadian Journal of Administrative Sciences*, 25, 93-106. 2008.

AVEY, James B.; WERNSING, Tara S.; LUTHANS, Fred. Can positive employees help positive organizational change? Impact on psychological capital and emotions on relevant attitudes and behaviors. *Journal of Applied Behavioral Science*, 44, 48-70. 2008.

AVOLIO, Bruce J.; GARDNER, William L.; WALUMBWA, Fred O.; LUTHANS, Fred; MAY, Douglas R. Unlocking the mask: A look at the process by which authentic leader's impact follower attitudes and behaviors. *The Leadership Quarterly*, 15(6), 801-823. 2004.

AVOLIO, Bruce J.; GRIFFITH, J.; WERNSING, Tara S.; WALUMBWA, Fred O. What is authentic leadership development? In P. A. Linley, S. Harrington, N. Garcea (Eds.), *Oxford handbook of positive psychology and work*. New York: Oxford University Press, 2010.

AVOLIO, Bruce J.; WALDMAN, Davis; YAMMARINO, Francis J. Leading in the 1990's: The four I's of transformational leadership. *Journal of European Industrial Training*, 15(4), pp. 9–16. 1991.

BAKER, Wayne; CROSS, Rob; PARKER, Andrew. What creates energy in organizations? *Sloan Management Review*, 44: 51-56. 2004.

BAKER, Wayne; CROSS, Rob; WOOTEN, Melissa. Positive organizational network analysis and energizing relationships. In Cameron, K. S., Dutton, J. E., and Quinn, R. E. (eds.), *Positive Organizational Scholarship*: Foundations of a New Discipline. San Francisco, CA.: Berrett-Koehler Publishers Inc., 2003.

BANDURA, Albert. *Self Efficacy*: The exercise of control. New York: Freeman, 1997.

BANDURA, Albert; CAPRARA, Gianvittorio V.; REGALIA, Camillo; BARBARANELLI, Claudio. Impact of family efficacy beliefs on quality of family functioning and satisfaction with family life. *Applied Psychology: An international Review*, 60 (3), 421–448. 2011.

BANDURA, Albert; CAPRARA, Gianvittorio V; BARBARANELLI, Claudio; GERBINO, Maria Grazia; Pastorelli, Concetta. Role of affective self-regulatory efficacy in diverse spheres of psychosocial functioning. *Child Development*, 74, 769-782. 2003.

BANDURA, Albert. Toward a psychology of human agency. *Perspectives on Psychological Science*, 1, 164-180. 2006.

BARDWEL, W. A.; BERRY, C. C.; ANCOLI-ISRAEL, S.; DIMSDALE, J. E. Psychological correlates of sleep apnea. *Journal of Psychosomatic Research*, 47: 583- 96. 1999.

BASS, Bernard M. From transactional to transformational leadership: Learning to share the vision. *Organizational Dynamics*,18 (3), 19-31. 1990

BASS, Bernard; AVOLIO, Bruce J. Improving organizational effectiveness through transformational leadership. Thousand Oaks, CA: Sage. 1994

BASS, Bernard; STEIDLMEIER, P. Ethics, character and transformational leadership behavior. *The Leadership Quarterly*, 10(2), 81-217. 1999.

BAUMEISTER, Roy F.; LEARY, Mark R. *The Need to Belong: Desire for Interpersonal Attachments as a Fundamental Human Motivation. Psychological Bulletin,* 117, pp. 497-529. 1995.

BEN-SHAHAR, Tal. *Choose the Life You Want*: The Mindful Way to Happiness. N.Y: The Experiment Publisher, 2014.

BERK, L. S., et al. Neuroendocrine and stress hormone changes during mirthful laughter. *American Journal of the Medical Science*s. 298: 390-96. 1989.

BERNSTEIN, Susan D. Positive Organizational Scholarship: Meet the movement: An interview with Kim Cameron, Jane Dutton and Robert Quinn. *Journal of Management Inquiry*, 12, 266-277. 2003.

BISWAS-DIENER, Robert. *Practicing positive psychology coaching*: Assessment, activities and strategies for success. Hoboken, NJ: John Wiley & Sons, 2010.

BISWAS-DIENER, Robert; KASHDAN, Todd B.; MINHAS, Gurpal. A dynamic approach to psychological strength development and intervention. *The Journal of Positive Psycholo*gy. doi:10.1080/17439760.2010.545429. 2011.

BISWAS-DIENER, Robert; KASHDAN, Todd B. *The Upside of Your Dark Side*: Why Being Your Whole Self-Not Just Your "Good" Self-Drives Success and Fulfillment. N.Y: Plume, 2015.

BISWAS-DIENER, Robert; DIENER, Ed. Making the Best of a Bad Situation: Satisfaction in the Slums of Calcutta. *Social Indicators Research*, 55, 329-352. 2001.

BISWAS-DIENER, Robert; DIENER, Ed. The Subjective Well-Being of the Homeless and Related Lessons for Hapinness. *Social Indicators Research,* 76, pp.185-205. 2006.

BISWAS-DIENER, Robert; DEAN, Ben. *Positive Psychology Coaching*: Putting the Science of happiness to work for your clients. N.J: Jonh Wiley & Sons Inc., 2007.

BLACK, B. The road to recovery. *Gallup Management Journal*, 1, 10-12. 2001.

BLATT, R.; Camden, C. Positive relationships and cultivating community. In J. Dutton and B. Ragins (eds.). *Exploring Positive Relationships at Work*: Building a Theoretical and Research Foundation. Mahwah, N.J.: Lawrence Erlbaum Publishers, 2007.

BONO, Joyce E.; IIIES, Remus. Charisma, Positive Emotions and Mood Contagion. *The Leadership Quarterly* 17(4):317-334. Agosto. 2006.

BRYANT, Fred; VEROFF, Joseph. *Savoring*: A New Model of Positive Experience. Psychology Press, 2007.

BRYANT, Fred B.; SMART, C. M.; KING, S. P. Using the past to enhance the present: Boosting happiness through positive reminiscence. *Journal of Happiness Studies*, 6, 227–260. 2005.

BROWN, Michael E.; TREVIÑO, Linda K.; HARRISON, David A. Ethical leadership: A social learning perspective for construct development and testing, *Organizational Behavior and Human Decision Processes*, 97, pp. 117–134. 2005.

Brown, Michael E., TREVIÑO, Linda K. Ethical leadership: A review and future directions. *The Leadership Quarterly*, 17(3), 595-616. 2006.

BROWN, Kirk Warren; RYAN, R. M. The benefits of being present: Mindfulness and its role in psychological well-being. *Journal of Personality and Social Psychology*, 84: 822–848. 2003.

BUCKINGHAM, Marcus; CLIFTON, D.O. *Now discover your strengths*. New York, NY: The Free Press, 2001.

CLIFTON, D. O.; HARTER, J. K. Investing in strengths. In: K. S. Cameron, J. E. Dutton, R. E. Quinn (Eds.) Positive organizational scholarship. San Francisco: , 2003.

DUTTON, Jane E.; SONENSHEIN, S. Positive Organizational Scholarship. In: S. Lopez (ed.), *Encyclopedia of Positive Psychology*. Blackwell Publishing, 2013.

CAMERON, Kim S.; DUTTON, Jane E.; QUINN, Robert. Foundations of positive organizational scholarship. In: K. S. Cameron, J. E. Dutton, e R. E. Quinn (eds.), *Positive organizational scholarship*: Foundations of a new discipline. San Francisco: Berrett-Koehler, 2003.

CAMERON, Kim S.; BRIGHT, D.; CAZA, A. Exploring the relationship between virtuousness and performance. *American Behavioral Scientist*, 47, 766-790. 2004.

CARNEVALE, Peter; ISEN, Am. The influence of positive affect and visual access on the discovery of integrative solutions in bilateral negotiation. *Organizational Behavior and Human Decision Processes*, 37(1), 1–13. 1986.

CHOI, Y.; MAI-DALTON, Renat R. The model of follower responses to self-sacrificial leadership: An empirical test. *The Leadership Quarterly*, 9(4), 475-501. 1999.

CLONINGER, Claude Robert; SVRAKIC, Dragan; PRYZBECK, T. A psychobiological model of temperament and character. *Archives of General Psychiatry*, 50, 975-990. 1994.

COHEN, Stanley; DOYLE, W. J.; TURNER, R. B.; ALPER, Cuneyt M.; Skoner, D. P. Emotional style and susceptibility to the common cold. *Psychosomatic Medicine*, 65: 267-74. 2003.

CROSS, Rob; PARKER, Andrew. Charged up: Creating energy in organizations. *J. Org. Exc.*, 23: 3–14. 2004.

COX, Elaine. An adult learning approach to coaching. In: *Evidence Based Coaching Handbook*. New Jersey: John Wiley & Sons, Inc. 2006.

CONNELLY, John. All together now. *Gallup Management Journal*. 2, 13-18. 2002.

COOPERRIDER, David; Whitney, Diana. *Appreciative inquiry*: A positive revolution in change. San Francisco: Berrett-Koehler, 2005.

CROSS, Rob; BAKER, W; PARKER, Andrew. What creates energy in organizations? *MIT Sloan Management Review* 44 (4), 51-56. 2003.

CSIKSZENTMIHALYI, Mihaly; RATHUNDE, Kevin. The measurement of flow in everyday life: Towards a theory of emergent motivation. In Jacobs, J.E. Developmental perspectives on motivation. Nebraska symposium on motivation. Lincoln: University of Nebraska Press, 1993.

CSIKSZENTMIHALYI, Mihaly. *Beyond Boredom and Anxiety*. San Francisco, CA: Jossey-Bass, 1975.

CSIKSZENTMIHALYI, Mihaly. *Finding Flow*: The Psychology of Engagement with Everyday Life. N. Y., N.Y.C.: Basic Books,1998.

CSIKSZENTMIHALYI, M.; ABUHAMDEH, Sami; NAKAMURA, Jeanne. *Flow*, in Elliot, A Handbook of Competence and Motivation. New York: The Guilford Press, 2005.

CSZENTMIHALYI, Mihaly. *Flow*: The psychology of optimal experiences. New York, NY: Harper Collins Publishers, 2008.

CSIKSZENTMIHALYI, Mihaly. The flow experience and its significance for human psychology. In: *Optimal Experience*: Psychological studies of flow in consciousness. Isabella Selega (Eds.) Cambridge, United Kingdom: Cambridge University Press, 1988.

CSIKSZENTMIHALYI, Mihaly. *Creativity*: Flow and the Psychology of Discovery and Invention. NY: Harper Perennial, 1996.

CSIKSZENTMIHALYI, Mihaly. CSIKSZENTMIHALYI, Mihaly and Isabella Selega (eds.). *A Life Worth Living*: Contributions to Positive Psychology (Series in Positive Psychology). NY: Oxford University Press, 2006. que capítulo??

DAVIDSON, Richard J.; KABAT-ZINN, Jon; SCHUMACHER, J.; ROSENKRANZ, M., MULLER, D., SANTORELLI, S. F., URBANOWSKI, F., HARRINGTON, A., BONUS, K., SHERIDAN, J. F. Alterations in brain and immune function produced by mindfulness meditation. *Pshychosomatic Medicine,* jul-ago; 65 (4): 564-570. 2003.

DANNER, Deborah D.; SNOWDON, David A.; FRIESEN, Wallace V. Positive emotions in early life and longevity: Findings from the nun study. *Journal of Personality and Social Psychology.* 80, 804-13. 2001.

DECI, Edward L. Effects Of Externally Mediated Rewards On Intrinsic Motivation. *Journal of Personality and Social Psychology.* 18(1), 105-115. 1971.

DECI, Edward L.; RYAN, Richard M. The 'what' and 'why' of goal pursuits: Human needs and the self-determination of behaviour. *Psychological Inquiry*, 11, 227-268. 2000

DECI, Edward L.; RYAN, Richard M. *Intrinsic motivation and self-determination in human behavior*. New York: Plenum, 1985.

DIENER, Emmons; LARSEN, R. J. The experience of emotional well-being. In: Lewis M, Haviland J. M. (eds.) *Handbook of emotions*. New York: Guilford Press, 1993.

DIENER, Emmons; BISWAS-DIENER, Robert. *Happiness*: Unlocking the Mysteries of Psychological Wealth. N.J: Wiley-Blackwell, 2008.

DIENER, Emmons; SELIGMAN, Martin. "Very Happy People". *Psychological Science*, 13, pp. 81-84. 2002.

DOUGLAS, C. A.; MCCAULEY, Clark D. Formal developmental relationships: A survey of organizational practices. *Human Resource Development Quarterly*, 10, 203-220. 1999.

DUTTON, Jane E.; HEAPHY, Emily D. The Power of High Quality Connections. In: *Positive Organizational Scholarship*: Foundations of a New Discipline. Cameron, K. S., Dutton, J. E., Quinn, R. E. (eds.). San Francisco: Berrett-Koehler, 2003.

DUTTON, Jane; WORLINE, Monica; FROST, Peter J.; LILIUS, Jacoba M. Explaining Compassion Organizing. *Administrative Science Quarterly*, 51(1), 59–96. 2006.

DUTTON, Jane E.; RAGINS, Belle Rose. Positive Relationships at Work: An Introduction and Invitation. In: Exploring Positive Relationships at Work: Building a Theoretical and Research Foundation. (eds) Dutton, J.E., Ragins, B.R. Mahwah: Lawrence Erlbaum Associates. 2007.

DUTTON, Jane; SONENSHEIN, Scott. "Positive Organizational Scholarship". In: S. J. Lopez (ed.) *Encyclopedia of Positive Psychology*. Oxford: Blackwell Publishing, 2009.

EISENBERGER, Robert; STINGLHAMBER, Florence; SHANOCK, Linda; RANDALL, Amanda T. Flow experience at work: For high need achievers alone? *Journal of Organizational Behavior*, 26, 755-775. 2005.

FRANKL, Viktor Emil. *Man's Search for Meaning*. (Gift Edition). Beacon Press, 2014.

FREDRICKSON, Barbara Lee. The role of positive emotions in positive psychology. The broaden-and-build theory of positive emotions. *American Psychologis.t* Mar; 56(3): 218-26. 2001.

FREDRICKSON, Barbara Lee; KURTZ, L. E. Cultivating positive emotions to enhance human flourishing. In: Donaldson, S. I., Csikszentmihalyi, M., Nakamura J. (eds.) *Applied Positive Psychology*: Improving Everyday Life, Health, Schools, Work, and Society. Taylor and Francis, 2011.

FREDRICKSON, Barbara Lee. *Positivity*. Groundbreaking Research to release your inner optimism and Thrive. Oxford: Oneworld, 2009.

FREDRICKSON, Barbara Lee. Positive emotions and upward spirals in organizations. In: K. Cameron, J. Dutton, & R. Quinn (eds.), *Positive Organizational Scholarship*. Fredrickson, B. L., & Levenson, R. W. (1998).

FREDRICKSON, Barbara Lee; LEVENSON, Robert W. Positive emotions speed recovery from the cardiovascular sequelae of negative emotions. *Cognition and Emotion*, 12, 191-220. 1998.

FREDRICKSON, Barbara; LOSADA, L. Positive affect and the complex dynamics of human flourishing. *American Psychologist*, 60(7), 678–686. 2005.

FREDRICKSON, Barbara. What Good Are Positive Emotions? *Rev Gen Psychol*. Sep; 2(3): 300–319. 1998.

FRY, Louis W.; VITUCCI, Steve; CEDILLO, Marie. Spiritual Leadership and army transformation: Theory, measurement, and establishing a baseline. *The Leadership Quarterly*, 16, 5. 835- 862. 2005.

FOX EADES, Jennifer M. Celebrating strengths: Building strengths-based schools. UK: Capp Press. 2008.

GABLE, Shelly L.; HAIDT, Jonathan. Positive Psychology. *Review of General Psychology*, 9, 1089-2680. Introduction to special issue on positive psychology. 2005.

GITTELL, Jody Hoffer; CAMERON, Kim S.; LIM, Sandy; RIVAS, Victor. Relationships, layoffs, and organizational resilience: Airline industry responses to September 11. *Journal of Applied Behavioral Science*, 42 (3):300–329. 2006.

GREEN, L. S.; OADES, Lindsay G.; GRANT Anthony M. Solution-Focused Life-Coaching: Enchancing Goal Striving, Well-Being and Hope. *Journal of Positive Psychology*, 1, pp. 142-149. 2006.

GREENBERG, Margaret; MAYMIN, Senia. Profit from the Positive: Proven Leadership Strategies to Boost Productivity and Transform Your Business. N.Y: Mc Graw Hill Education, 2013.

GOODMAN, D. H. Construction and validation of an instrument designed to assess flow and job satisfaction in occupational settings: Exploratory research. *UMI Dissertation Services*. (UMI N0. 9633807). 1996.

HALVERSON, S. K.; HOLLADAY, C. L., KAZAMA, S. M., QUIÑONES, M. A. Self-sacrificial behavior in crisis situations: The competing roles of behavioral and situational factors. *Leadership Quarterly*, 15(2), 263-275. 2004.

HARRIS, Judith Rich. *The nurture assumption*: Why children turn out the way they do. New York: Free Press, 1998.

HARLOW, Harry Frederick. The Nature of Love. *American Psychologist,* 13, pp. 673-685. 1958.

HECKMAN, Frank. The Designing organizations for flow experiences. *Journal for Quality and Participation.* 20.2 Mar: 24-33. 1997.

HEDE, Andrew. The dynamics of mindfulness in managing emotions and stress. *Journal of Management Development*, 29: 94–110. 2010.

HODGES, Timothy D.; CLIFTON, Donald O. Strengths-based development in practice. In: P. A. Linley, S. Joseph (Eds), Positive psychology in practice: From research to application. NJ: John Wiley & sons. 2004

ISEN, Alice M.; TURKEN, A.U. A neuropsychological theory of positive affect and its influence on cognition. *Psychological Review*. 106, 3, 529-50. 1999.

ILIES, Remus; MORGESON, Frederick; NAHRGANG, Jasmine. Authentic leadership and eudemonic well-being: Understanding leader-follower outcomes. *The Leadership Quarterly*, 16(3), 373-394. 2005.

KABAT-ZINN, Jon. An outpatient program in behavioral medicine for chronic pain patients based on the practice of mindfulness meditation: Theoretical considerations and preliminar results. *General hospital psychiatry*, 4, 33-47. 1982.

KABAT-ZINN, Jon; MASSION, Ann O.; KRISTELLER, Jean; PETERSON, Linda Gay; FLETCHER, Keneth E.; PBERT, Lori; LENDERKING, William R.; SANTORELLI, Saki F. Effectiveness of a meditation-based stress reduction program in the treatment of anxiety disorders. *American Journal of Psychiatry*, 149: 936-943. 1992.

KABAT-ZINN, Jon. *Coming to our senses*. Healing ourselves and the world through mindfulness. New York: Hyperion, 2005.

KABAT-ZINN, Jon; SAMUELSON, Marlene; CARMODY, James; BRATT, Michael A. Mindfulness-Based Stress Reduction in Massachusetts Correctional Facilities. *Prison Journal*, June Vol. 87, no 2: pp. 254-258. 2007.

KAUFMAN, Scott Barry; GREGOIRE, Carolyn. Wired to Create: Unraveling the Mysteries of the Creative Mind. New York, NY: Penguin Books, 2015.

Kaufman, Scott Barry. *Ungifted*: Intelligence Redefined. New York, NY: Basic Books, 2013.

KAUFFMAN, Carol; SCOULER, Anne. Towards a Positive Psychology of Executive Coaching. In: Linley & Joseph (eds) *Positive Psychology in Practice*. New York: Wiley Press, 2004.

KAUFFMAN, Carol. Positive psychology: The science at the heart of coaching. In: Stober D. R., Grant A. M. (eds.), *Evidence based coaching handbook*: Putting best practices to work for your clients (pp. 219-253). NJ: John Wiley, 2006.

KAUFFMAN, Carol; BONIWELL, Ilona; SILBERMAN, Jordan. The Positive Psychology approach to coaching. In: *The Complete Handbook of Coaching* (eds) Elaine Cox, E; Bachkirova, T; Clutterbuck, D. SAGE Publications Ltd. 2009.

KALSHOVEN, Karianne; HARTOG, Deanne N. Den; HOOGH, Annebel De. Ethical leadership at work questionnaire (ELW): Development and validation of a multidimensional measure. *The Leadership Quarterly*, 22(1), 51-69. 2011

KEAGAN, Robert; LAHEY, Lisa Laskow. Adult leadership and adult development. A constructivist view. In B. Kellerman (ed.) *Leadership*: Multidisciplinary perspectives. Englewood Cliffs, NJ: Prentice-Hall, 1984.

KIMSEY-HOUSE, Karen; KIMSEY-HOUSE, Henry; SANDAHL, Phillip; WHITWORTH, Laura. *Co-Active Coaching*: Changing Business, Transforming Lives. Boston: Nicholas Brealey Publishing, 2011.

KLENKE, Karin. Authentic leadership: A self, leader, and spiritual identity Perspective. *International Journal of Leadership Studies*, 3(1). 2007.

KO, Ia; DONALDSON, Stewart I. Applied positive organizational psychology: The state of the science and practice. In: Donaldson, Csikszentmihalyi, e Nakamura (eds.). Applied positive psychology: Improving everyday life, health, schools, work, and society. New York: Routledge, 2011.

KOOCHER, Jerald P; NORCROSS, John C; HILL, ,III (eds.), Psychologists' desk reference (2. ed.,pp. 93-98). New York: Oxford University Press. Quinn, R., J. Dutton. Coordination as Energy-in-Conversation: A Process Theory of Organizing. *Academy of Management Review*, 30(1), 38-57. 2005.

LANGER, Ellen J. *Mindfulness*. Boston: Addison-Wesley, 1989.

LARCKER, David; TAYAN, Brian. *Corporate Governance Matters*: A Closer Look at Organizational Choices and Their Consequences. NY: FT Press, 2011

LINLEY, Alex; WILLARS, Janet; BISWAS-DIENER, Robert. The strengths book: What you can do, love to do, and fnd it hard to do – and why it matters. Coventry, UK: CAPP Press, 2010.

LINLEY, Alex; HARRINGTON, Susan. Strengths Coaching: A potential approach to coaching psychology. *International Coaching Psychology Review, 1, pp. 37-46*. 2006.

LYUBOMIRKSY, Sonja. *The How of Happiness*: A Practical Guide to Getting the Life You Want. Piatkus: London, 2007.

LYUBOMIRKSY, Sonja; KING, Laura; DIENER, Emmons. The benefits of frequent positive affect: Does hapinness lead to success? *Psychological Bulletin*, 131, 303-855. 2005.

LOCKE, Edwin A.; LATHAM, Gary P. Building a practically useful theory of goal setting and task motivation: A 35 year odyssey. *American Psychologist*, 57, 705-717. 2002.

PÉREZ LÓPEZ, Juan Antonio. *Liderazgo y ética en la dirección de empresas*. La nueva empresa del siglo XXI Bilbao:.Deusto S. A. Ediciones, 1998.

LOSADA, Marcial; HEAPHY, Emily D. The role of positivity and connectivity in the performance of business teams. *American Behavioral Scientist*, 47(6):740–765. 2004.

LUTHANS, Fred. The need for and meaning of positive organizational behavior. *Journal or Organizational Behavior*, 23, 695-706. 2002.

LUTHANS, Fred; AVOLIO, Bruce J. Authentic leadership: A positive development approach. In: K. Cameron, J. E. Dutton, R. E. Quinn (eds), *Positive organizational scholarship*. Foundations of a new discipline. San Francisco: , 2003.

LUTHANS, Fred; JENSEN, Susan M. Hope: A new positive strength for human resource development. *Human Resource Development Review*, 1: 304-322. 2002.

MAY, Douglas R.; CHAN, Adrian Y. L.; HODGES, Timothy D.; AVOLIO, Bruce J. Developing the moral component of authentic leadership. *Organizational Dynamics*, 32, 247-260. 2003.

MARTIN, Andrew J.; JACKSON, S. A. Brief approaches to absorbing task absorption and enhanced subjective experience: Examining "short" and "core" flow in diverse performance domains. *Motivation and* Emotion, 32, 141-157. 2008.

MARKS, Gary N.; FLEMING, Nicole. Influences and consequences of well-being among Australian young people: 1980–1995. *Social Indicators Research*, 46, 301 – 323. 1999.

MASTEN, Ann S.; CUTULI, J. J.; HERBERS, Janette E.; REED, Marie Gabrielle J. Resilience in development. In: C. R. Snyder & S. J. Lopez (eds.), *Oxford Handbook of Positive Psychology*, 2. ed. New York: Oxford University Press, 2009.

MASLOW, Abraham Harold. *Toward a psychology of being*. Princeton, N.J: Van Nostrand, 1968.

MILLER, Caroline Adams; FRISCH, Michael B. *Creating Your Best Life*: The Ultimate Life List Guide. N.Y: Slerling, 2011.

MOORE, Adam; GRUBER, Thomas; DEROSE, Jennifer; MALINOWSKI, Peter. Regular, brief mindfulness meditation practice improves electrophysiological markers of attentional control. *Front Human Neuroscience*, Feb 10; 6: 18. 2012

MOORE, Margaret; TSCHANNEN-MORAN, Bob. *Coaching Psychology Manual*. N.Y.: Lippincott Willians & Wilkins, 2010.

MUELLER, Claudia M.; DWECK, Carol S. Praise for intelligence can undermine children's motivation and performance. *Journal of Personality and Social Psychology*, Vol 75(1), Jul 33-52. 1998.

NIEMIEC, Ryan M. VIA character strengths: Research and practice (The first 10 years). In: H. H. Knoo & A. Delle Fave (eds.), *Well-being and cultures*: Perspectives on positive psychology (pp. 11-30). New York: Springer, 2013.

NOJEIM, Michael J. *Gandhi and King*: The Power of Nonviolent Resistance. N.Y: Greenwood Publishing Group, 2004.

OSTIR, G. V.; MARKIDES, Kyriakos S.; PEEK, M. K.; GOODWIN, J. S. The association between emotional well-being and the incident of stroke in older adults. *Psychosomatic Medicine*, 63: 210-15. 2001

PARK, Nansook; PETERSON, Christopher. Strengths of character in schools. In: R. Gilman, E. S. Huebner; M. J. Furlong (eds.), *Handbook of positive psychology in schools*. New York: Routledge, 2009.

PARK, Nansook; PETERSON, Christopher; SELIGMAN, Martin E. P. Character strengths and wellbeing. *Journal of Social and Clinical Psychology*, 23, 603-619. 2004.

PETERSON, Christopher; SELIGMAN, Martin E. P. (2004). *Character strengths and virtues*: A handbook and classification. Washington, DC: Oxford University Press, 2004.

PETERSON, Christopher; RUCH, Willibald; BEERMAN, Ursula; PARK, Nansook; SELIGMAN, Martin E. P. Strengths of character, orientations to happiness, and life satisfaction. *Journal of Positive Psychology*, 2, 149-156. 2007.

PETERSON, Christopher; PARK, Nansook; SELIGMAN, Martin E. P. Orientations to happiness and life satisfaction: The full life versus the empty life. *Journal of Happiness Studies*. Mar. 2005, Volume 6, Issue 1, pp 25–4. 2005.

PHILLIPS, Jack J.; PHILLIPS, Patricia Pulliam; EDWARDS, Lisa Ann. Measuring the success of coaching: A step by step guide for measuring impact and calculating ROI. NY: ASTD Press, 2012.

PIEDMONT, Ralph L. Does spirituality represent the sixth factor of personality? Spiritual transcendence and the five factor model. *Journal of Personality*, 67, 985-1013. 1999.

PINK, Daniel H. *Drive* – The Surprising Truth about what motivates us. Canongate Books. 2010.

QUINN, Robert E.; DUTTON, Jane E. Coordination as Energy-in-Conversation: A Process Theory of Organizing. *Academy of Management Review*, 30(1), 38-57. 2005.

RHEE, Seung-Yoon. Shared emotions and group effectiveness: The role of broadening and-building interactions. In: K. Mark Weaver (ed.), Proceedings of the Sixty-fifth Annual Meeting of the Academy of Management (CD), ISSN 1543-8643. 2006.

REIVICH, Karen; SHATTE, Andrew. *The Resilience Factor*: 7 Keys to Finding Your Inner Strength and Overcoming Life's Hurdles. NY: Harmony, 2003.

RICHMAN, Laura Smart; KUBZANSKY, Laura; MASELKO, Joanna; KAWACHI, Ichiro; CHOO, Peter; BAUER, Mark. Positive emotion and health: Going beyond the negative. *Health Psychology*, 24: 422-92. 2005

ROBERTS, Laura Morgan; SPREITZER, Gretchen; DUTTON, Jane E.; QUINN, Robert E.;

HEAPHY, Emily D.; BARKER, Brianna. How to play to your strengths. *Harvard Business Review*. 74-80. 2005.

ROGERS, Carl R. *A Way of Being*. N.Y: Houghton Mifflin Company, 1980.

SAGIV, Lilach; ROCCAS, Sonia; HAZAN, Osnat. In: Linley, P. A., Joseph, S. (eds.). Value Pathways to Well-Being: Healthy Values, Valued Goal Attainment, and Environmental Congruence. NJ: Wiley, 2004.

SALANOVA, Marisa; BAKKER, Arnold B.; LLORENS, Susana. Flow at work: Evidence for an upward spiral of personal and organizational resources. *Journal of Happiness Studies*, 7, 1-22. 2006.

SELIGMAN, Martin E. P. *Felicidade Autêntica*: Usando a Psicologia Positiva para a realização permanente. Rio de Janeiro: Objetiva, 2002.

SCHMIDT, Eric; ROSENBERG, Jonathan. *How Google Works*: The rules for success in the Internet Century. Grand Central Publishing, 2014.

SELIGMAN, Martin. *Flourish*: A Visionary New Understanding of Happiness and Well-being. N.Y: Atria Books, 2012.

SELIGMAN, Martin; CSIKSZENTMIHALYI, Mihaly. Positive Psychology: An Introduction. *American Psychologist* 55 (1):5-14. Fev. 2000.

SNYDER, Charles Richard. *Handbook of Hope*: Theory, Measures, and Applications. San Diego, CA: Academic Press, 2000.

SNYDER, Charles Richard; LOPEZ, Shane J. Positive psychology: The scientific and practical explorations of human strengths. Thousand Oaks, CA: Sage Publications, Inc. 2007.

STEINFELDT, Joshua. *What are Coaches Afraid of?* An Exploration of Courage and the Path to Coaching Mastery. Disponível em: htp://repository.upenn.edu/mapp_capstone/76. 2015.

STAW, Barry M.; BARSADE, Sigal G. Affect and managerial performance: A test of the sadder-but-wiser vs. happier-and-smarter hypothesis. *Administrative Science Quarter*ly, 38(2), 304-331. 1993.

STAW, Barry M.; SUTTON, Robert I.; PELLED, Lisa H. Employee positive emotions and favourable outcomes at the workplace. *Organization and Science*, 5, 51-71. 1994.

STONE, Brad. *The Everything Store*: Jeff Bezos and the Age of Amazon. N.Y: Back Bay Books, 2014.

STRACK, James Gary; FOTTLER, Myron D.; WHEATLEY, M., SODOMKA, P. *Spirituality and effective leadership in healthcare*: Is there A connection? Frontiers of Health Services Management, 18 (4), 3-45. 2002.

SPREITZER, Gretchen M.; CAMERON, Kim S. (eds.) *The Oxford Handbook of Positive Organizational Scholarship*. Oxford University Press, 2011.

SY, Thomas; CÔTÈ, Stéphane; SAAVEDRA, Richard. The contagious leader: Impact of leader's mood on the mood of group members, group affective tone, and group process. *Journal of Applied Psychology*. 90, 295-305. 2005.

SUTCLIFFE, Kathleen M.; VOGUS, Timothy J. Organizing for Resilience. In: Cameron,

K., Dutton, J.E., Quinn, R.E. (eds.), *Positive Organizational Scholarship*. San Francisco: Berrett-Koehler, 2003.

TEMPLETON, John Marks. *Discovering the Laws of Life*. PA: Templeton Press, 2009.

THOMPSON, Jim. *The Double-Goal Coach*: Positive Coaching Tools for Honoring the Game and Developing Winners in Sports and Life. N.Y: Harper Collins Publisher, 2003.

THOMPSON, Jim. *Positive Coaching*: Building Character and Self-esteem Through Sports. Warde Publishers, 1995.

THOMPSON, Jim. *The Power of Double-Goal Coaching*: Developing Winners in Sports and Life. N.Y: Balance Sports Publishing, 2010.

TUGADE, Michele M; FREDRICKSON, Barbara Lee; BARRET, B. F. Psychological resilience and positive emotional granularity: Examining the benefits of positive emotions on coping and health. *Journal of Personality*, 72, 1161-90. 2004.

VELLA-BRODRICK, Dianne A.; PARK, Nansook; PETERSON, Christopher. Three ways to be happy: Pleasure, engagement, and meaning. Findings from Australian and US samples. *Social Indicators Research*, 90, 165-179. 2009.

WALUMBWA, Fred O.; AVOLIO, Bruce J.; GARDNER, William; WERNSING, Tara; PETERSON, Suzanne J. Authentic leadership: Development and validation of a theory-based measure. *Journal of Management*, 34, 89-126. 2008.

WAUGH, Christian E.; FREDRICKSON, Barbara Lee; TAYLOR, Adapting to life's slings and arrows: Individual differences in resilience when recovering from an anticipated threat. *Journal of Research in Personality*. 42, 1031-46. 2008.

WEICK, Karl E.; SUTCLIFFE, Kathleen M. *Managing the unexpected*: Assuring high performance in an age of complexity. San Francisco, CA: Jossey-Bass, 2001.

WEICK, Karl E.; PUTNAM, Ted. Organizing for mindfulness: Eastern wisdom and Western knowledge. *Journal of Management Inquiry*, 15: 275–287. 2006.

WEICK, Karl E.; SUTCLIFFE, Katleen M. *Managing the unexpected*: Resilient performance in an age of uncertainty. San Francisco, CA: Jossey-Bass, 2007.

WOOD, Alex M.; MALTBY, John; STEWART, Neil. A social-cognitive model of trait and state levels of gratitude. *Emotion*, 8 (2), 281-290. 2008.

WRZESNIEWSKI, Amy; MCCAULEY, Clark; ROZIN, Paul; SCHWARTZ, Barry. Jobs, careers, and callings: People's relations to their work. *Jornal of Research in Personality*, 31, 21-33. 1997.

WRZESNIEWSKI, Amy; DUTTON, Jane E. Crafting a Job: Employees as Active Crafters of Their Work. *Academy of Management Review*, 26 (2) 179–201. 2001.

ZHU, Weichun; MAY, Douglas R.; AVOLIO, Bruce J. The impact of ethical leadership behavior on employee outcomes: The roles of psychological empowerment and authenticity. *Journal of Leadership & Organizational Studies*, 11(1), 16-26. 2004.

Capítulo 3 | Positive Upgrade Coaching

BANDURA, Albert. *Self-Efficacy*. The Exercise of Control. United States: Freeman and Company, 1997.

BEN-SHAHAR, Tal. *Seja mais Feliz* – Aprenda os segredos da alegria de cada dia e da satisfação permanente. São Paulo: Editora Academia de Inteligência, 2008.

BISWAS-DIENER, Robert; DEAN, Ben. *Positive Psychology Coaching*. Putting Science of Happiness to Work for your Clients. Hoboken, NJ: John Wiley&Sons, Inc., 2007.

BISWAS-DIENER, Robert. *Practicing Positive Psychology Coaching*. Assessment, Activities, and Strategies for Success. Hoboken, NJ: John Wiley&Sons, Inc., 2011.

BUCKINGHAM, Marcus & CLIFTON, Donald O. *Descubra Seus Pontos Fortes*. Rio de Janeiro: Sextante, 2008.

COOPERRIDER, D. L. & SRIVASTVA, S. (1987). "Appreciative inquiry in organizational life". In WOODMAN, R. W. & PASMORE, W.A. (eds.). *Research in Organizational Change And Development*. Vol. 1. Stamford, CT: JAI Press. pp. 129–169

CORRÊA, Andréa Perez. *Coaching e Psicologia Positiva Reciprocamente Contributivos e Intencionalmente Catalisadores da Melhoria do Bem-estar*. Trabalho de Pós-Graduação, AVM Faculdade Integrada, Rio de Janeiro, RJ, Brasil, 2013.

CORRÊA, Andréa Perez. Autocoaching Customizado – O legado mais gratificante de um coach virtuoso. In: WUNDERLICH, Marcos e SITA, Mauricio. *Coaching & Mentoring*: Foco na Excelência. São Paulo: Ser Mais.

CORRÊA, Andréa Perez. Cards Power Questions Forças de Caráter. São Paulo: Leader, 2018.

CORRÊA, Andréa Perez. *Upgrade Positivo com Investigação Apreciativa*. São Paulo: Leader, 2018.

CSIKSZENTMIHALYI. Mihaly. *Flow* – The Psychology of Optimal Experience. New York: Harper & Row, 1990.

CSIKSZENTMIHALYI, Mihaly. *Finding Flow* – The Psychology of Engagement with Everyday Life. New York: Basic Books, 1997.

CSIKSZENTMIHALY, Mihaly & SELIGMAN, Martin. E. P. Positive Psychology – An Introduction. In: *American Psychologist* – Special Issue on Happiness, Excellence, and Optimal Human Functioning. Washington, DC. American Psychological Association. 2000.

DUCKWORTH, Angela. *GARRA* – o Poder da Paixão e da Perseverança. Rio de Janeiro: Intrínseca, 2016.

DIENER, Ed. The Science of Well-being. *Collected Works of Ed Diener*. Champaign: Springer, 2009.

DIENER, Ed. Positive Psychology: Past, Present and Future. In: *The Oxford Handbook of Positive Psychology*. New York: Oxford University Press, 2011.

DIENER, E.; EMMONS, R.A., LARSEN, R.J. & GRIFFIIN, S. The Satisfaction with Life Scale. *Journal of Personality Assessment*, 49, 71-75, 1985.

DIENER, E.; LUCAS, R. F. Subjective Emotional Well-being. Em M. Lewis & J. M. Haviland (Orgs.), *Handbook of Emotions* (pp. 325-337). New York: Guilford, 2000.

FREDRICKSON, Barbara. *Positividade* – Descubra a força das emoções positivas, supere a negatividade e viva plenamente. Rio de Janeiro: Rocco, 2009.

FRANKL, Viktor E. *Em Busca de Sentido*. São Leopoldo Editora Sinodal. Petrópolis: Vozes, 2018.

GALLUP. Store Home. Disponível em: https://www.gallupstrengthscenter.com/store Acesso em: 10 de setembro de 2019.

GIACOMONI, C.H.; HUTZ, C.S. A Mensuração do Bem-estar Subjetivo: Escala de Afeto Positivo e Negativo e Escala de Satisfação de Vida. In: Interamerican Society of Psychology (ED.) *Proceedings of XXVI Interamerican Congress of Psychology* (p.313). São Paulo, 1997.

HUTZ, C.; ZANON, C.; BARDAGI, M.P. Satisfação de Vida. In: HUTZ, C. *Avaliação em Psicologia Positiva*. Porto Alegre: Artmed, 2014.

INTERNATIONAL COACH ACADEMY. *The Most Important Aspect of Coaching. Newsletter*. Recebida em: 19 de maio de 2013.

KAUFFMAN, Carol. Positive Psychology: The Science at the Heart of Coaching. In: STOBER, Dianne R.& GRANT, Anthony M. *Evidence Based Coaching Handbook* – Putting Best Practices to Work For Your Clients. Hoboken: John Wiley&Sons, 2006.

KAUFFMAN, Carol; BONIWELL, Ilona; SIBERMAN, Jordan. The Positive Psychology Approach to Coaching. In: COX, Elaine; BASHKIROVA, Tatiana; & CLUTTERBUCK, David A. London: SAGE, 2014.

LAYOUS, Kristin; NELSON, Katherine; LYUBOMIRSKY, Sonja. What Is the Optimal Way to Deliver a Positive Activity Intervention? The Case of Writing About One's Best Possible Selves. *Journal of Happiness Studies*, Volume 14, Issue 2, pp 635–654, 2013.

LINLEY, P. Alex; JOSEPH, Stephen; MALTBY, John; ARRINGTON, Susan; & WOOD, Alex M. Positive Psychology Applications. In: LOPEZ, Shane J. & SNYDER, C.R. *The Oxford Handbook of Positive Psychology*. New York: Oxford University Press Inc.,2009.

LYUBOMIRSKY, Sonja. *A Ciência da Felicidade – Como Atingir a Felicidade Real e Duradoura*. Rio de Janeiro: Elsevier, 2008.

LYUBOMIRSKY, Sonja; LAYOUS, Kristin. How Do Simple Positive Activities Increase Well-being? *Association of Psychology Science*, 2013.

MOORE, Margareth; JACKSON, Erika; TSCHANNEN-MORAN, Bob. *Coaching Psychology Manual*. Wellcoaches Corporation. Philadelphia: Wolters Kluwer, 2016.

NIEMIEC, Ryan. Ok, now what? (2013) Disponível em: https://www.viacharacter.org/topics/articles/a-simple-model-for-working-with-strengths Acesso em: 10 de setembro de 2019.

NIEMIEC, Ryan M. *Mindfulness & Character Strengths*. Boston: Hogrefe, 2014.

NIEMIEC, Ryan M. *Character Strengths Interventions*. A Field Guide for Practitioners. Boston: Hogrefe, 2018.

PETERSON, Christopher. *A Primer in Positive Psychology*. New York: Oxford University Press, 2006.

PETERSON Christopher. *Pursing The Good Life* – 100 Reflections on Positive Psychology. New York: Oxford University Press, 2013.

PETERSON, Christopher. What is Positive Psychology, and What is It Not? – Positive Psychology studies what makes the worth living. 2008. In: *The Good Life* – site Psychology Today. Disponível em: http://www.psychologytoday.com/blog/the-good-life/200805/what-is-positive -psychology-and-what-is-it-not Acesso em: 17 de junho de 2013.

PETERSON, Christopher. The Future of Positive Psychology: Science and Practice. (2009). Psychology Today. Disponível em: http://www.psychol ogytoday.com/blog/the-good-life/200912/the-future-positive-psychology-science-and-practice Acesso em: 25 de junho de 2013.

PETERSON, Christopher; SELIGMAN, Martin E.P. *Character Strengths and Virtues*. A Handbook and Classification. New York: Oxford University Press, American Psychology Association, 2004.

SELIGMAN, Martin E. P. *Florescer*. Uma Nova Compreensão sobre a Natureza da Felicidade e do Bem-estar. Rio de Janeiro: Objetiva, 2011.

SNYDER, C.R.; LOPEZ, Shane J. *Psicologia Positiva*. Uma Abordagem Científica e Prática das Qualidades Humanas. Porto Alegre: Artmed, 2009.

SOCIEDADE BRASILEIRA DE COACHING. Livro de metodologia do curso Personal & Professional Coaching. São Paulo: 2011.

STEGER, Michael F. *Meaning and Purpose*. Laboratory for Study of Meaning and Quality of Life. Disponível em: http://www.michaelfsteger.com/ Acesso em: 10 de setembro de 2019.

STOBER, Dianne R.; GRANT, Anthony M. *Evidence Based Coaching Handbook* – Putting Best Practices to Work For Your Clients. Hoboken: John Wiley&Sons, 2006.

ZANON, C.; BARDAGI, M.; LAYOUS, K. & HUTZ, C. *Validation of Satisfaction With Life Scale*, 2013.

ZANON, C.; HUTZ C.S. *Refinamento da Escala de Afetos Positivos e Negativos* (PANAS). Universidade Federal do Rio Grande do Sul, 2013.

ZANON, C.; HUTZ C.S. Escala de Afetos Positivos e Negativos (PANAS). In: HUTZ, C. *Avaliação em Psicologia Positiva*. Porto Alegre: Artmed, 2014

Capítulo 4 | Coaching de Psicologia Positiva para Alta Performance | Daniela Levy

ACHOR, Shawn. *The Happiness Advantage*: Seven Principles of Positive Psychology That Fuel Success and Performance at Work. New York: Virgin Publishing, 2012.

BANDURA, Albert. *Self-Efficacy*: The exercise of control. New York: Freeman,1997.

BEN-SHAHAR, Tal. *Happier*: Learn the Secrets to Daily Joy and Lasting Fulfilment. N.Y: McGraw-Hill Education, 2007.

BISWAS-DIENER, Robert; DEAN, Ben. *Positive Psychology Coaching*: Putting the Science of happiness to work for your clients. N.J: John Wiley & Sons Inc., 2007.

BRYANT, J. V., VEROFF, Joseph. *Savoring*: A New Model of Positive Experience. New York: Lawrence Erlbaum Associates, Publishers, 2007.

CSIKSZENTMIHALYI, Mihaly. *Flow*: The psychology of optimal experiences. New York, NY: Harper Collins Publishers, 2008.

EMMONS, Robert A. *Thanks!* How the New Science of Gratitude Can Make You Happier. New York: Houghton Mifflin Harcourt, 2008.

GOLEMAN, Daniel. *Emotional Intelligence*: Why it can matter more than IQ. Bantam Books: New York, 2005.

KABAT-ZINN, Jon; SAMUELSON, Marlene, CARMODY, James, BRATT, Michael A. Mindfulness-Based Stress Reduction in Massachusetts Correctional Facilities. *Prison Journal, June Vol. 87, no 2: pp. 254-258.* 2007.

KING, Laura A. The health benefits of writing about life goals. *Personality and Social Psychology Bulletin, 27(7), 798-807.* 2001

LAYOUS, Kristin; NELSON, S. Katherine; LYUBOMIRSKY, Sonja. What is the optimal way to deliver a positive activity intervention? The case of writing about one's best possible selves. *Journal of Happiness Studies. doi: 10.1007/s10902-012- 9346-2.* 2012

LYUBOMIRKSY, Sonja. *The How of Happiness*: A Practical Guide to Getting the Life You Want. Piatkus: London, 2007.

MADDUX, James E. Self-efficacy: The power of believing you can. In: C.R. Snyder & S.J. Lopez. *Handbook of Positive Psychology* (pp. 277-287). New York: Oxford University Press, 2002.

PETERSON, Christopher; Seligman, Martin E.P. *Character strengths and virtues*: A handbook and classification. Washington, DC: Oxford University Press, 2004.

SELIGMAN, Martin P. *Florescer* – Uma nova Compreensão sobre a Natureza da Felicidade e Bem-Estar. R.J. 2011.

SNYDER, Charles R. *The Psychology of Hope*: You Can Get Here from There. N.Y: Free Press, 1994.

SNYDER, Charles R. *Handbook of Hope*: Theory, Measures, and Applications. San Diego, CA: Academic Press, 2000.

ANOTAÇÕES

ANOTAÇÕES